샌프란시스코평화조약의 한반도관련 조항과 한국정부의 대응

한국외교협상사례 총서 1

샌프란시스코평화조약의 한반도관련 조항과 한국정부의 대응

초판 1쇄 발행 2022년 12월 15일

지 은 이 정병준
발 행 인 한정희
발 행 처 경인문화사
출판번호 406-1973-000003호
주소 (10881) 경기도 파주시 회동길 445-1 경인빌딩 B동 4층
전화 031-955-9300   팩스 031-955-9310
홈페이지 http://www.kyunginp.co.kr
이메일 kyungin@kyunginp.co.kr

ISBN 978-89-499-4951-2 94340
       978-89-499-4940-6 (세트)

국립외교원 외교안보연구소
외 교 사 연 구 센 터

샌프란시스코평화조약의
한반도관련 조항과
한국정부의 대응

정 병 준

경인문화사

간행사

 뛰어난 인재를 구하기 어려움은 옛날과 오늘이 다르지 않았으니, 선인들은 이를 '재난(才難)'이라는 말로 표현했습니다. 특히 대한민국 외교를 짊어질 외교관 후보자와 초임 외교관들에 대한 교육의 중요성과 어려움은 새삼 강조할 필요도 없을 것입니다. 이에 국립외교원 외교안보연구소 외교사연구센터는 외교관후보자 교육과 초임 외교관들의 실무에 도움을 주고자 2018년부터 「한국외교협상사례」총서를 발간하고 있습니다. 본 총서는 1948년 대한민국 정부 수립 이후 오늘에 이르기까지 외교부가 수행한 주요 외교협상 사례의 배경, 주요 쟁점, 전략, 과정, 성과 및 후속조치 등을 체계적으로 서술함으로써 그 공과(功過)를 기록하고 정책적 함의를 도출하는 데 그 목적이 있습니다.

 이를 위해 국립외교원은 국내 정치외교학계 및 국사학계의 최고 전문가들로 구성된 기획편집위원회의 자문을 받아 주요 외교협상사례 100건을 선정한 후, 이를 바탕으로 매년 5책 내외의 「한국외교협상사례」총서를 간행하고 있습니다. 본 편찬사업의 실무를 담당한 김종학 외교사연구센터 책임교수와 집필자 추천으로부터 최종 결과물의 심사에 이르기까지 전 과정에 참여해주신 신욱희, 홍석률 공동위원장을 비롯한 기획편집위원들의 헌신적인 도움과 노력에 심심한 사의를 표합니다. 본 총서가 장래 한국 외교의 동량(棟梁)이 될 우리 외교관 후보자들에게 귀감이 되는 교재이자 현직 외교관들의 유용한 업무 지침서로 널리 활용될 수 있도록 많은 관심과 격려를 부탁드립니다.

2022년 1월

국립외교원장 홍현익

서문

 이 연구는 2001년 미국 국립문서기록관리청(The National Archives and Records Administration: NARA)에서 1950년대 미국 외교문서를 보면서 가졌던 '상식의 저항'과 학문적 도전에서 비롯되었다. 독도문제에 대한 한국인의 평균적 상식을 뛰어넘는 1950년대 초반 미국 외교문서의 서술과 그 이유의 근본에 접근할 때마다 등장하는 중요 문서의 비밀분류 상태는 이 연구주제로의 초대장이자 학문적 유혹이었다. 그 출발점이 1951년 샌프란시스코평화조약이었음을 깨닫게 된 후 시작된 본격적인 문서관연구(archives research)는 흥미진진하지만 고된 도전이었다. 미국을 중심으로 한 연합국과 일본이 2차 세계대전 이래의 적대관계를 청산하고 평화를 회복한 샌프란시스코평화조약이 어떻게 한국과 연계되고, 한일·한미·미일관계의 중심에 서게 되었는지를 깨닫는 과정은 새로운 학문적 개안(開眼)이었다고 해도 과언이 아니다. 샌프란시스코평화조약에서 비롯된 새로운 전후체제의 형성과정, 한국의 대응과 귀결, 한미·미일·한일관계의 변용 등을 다양한 행위주체의 시각에서 해석할 수 있게 되었기 때문이다.

 이 연구를 시작하면서 가진 두 가지 소회가 있다. 첫째 샌프란시스코평화조약은 독도문제를 중심으로 한 한국의 국가적 관심사와 긴밀히 연관되어 있는데, 정작 중요 기록에 대한 문서관연구가 이뤄지지 않았다는 아쉬움이었다. 영국외무성이 대일평화회담을 준비하면서 제작한 조약초안과 부속지도를 2005년 발굴했을 때 정작 국내에서는 일본 국회도서관의 영토문제 전문가가 일본측 입장에서 정리한 자료가 소개되었음을 알게 되었다. 학문적 소명의식과 도전이 일었고, 그 결과 『독도1947: 전후 독도문제와 한·미·일관계』(2010, 돌베개)를 쓰게 되었다. 그후 많은 연구자들에 의해 미국·영국·일본·호주 등에서의 문서관연구가 진행되었다.

둘째 한국의 국가기록·외교기록의 부재 혹은 불충분에 대한 아쉬움과 갈증이 있었다. 왜 한국현대사, 현대한국외교사는 한국의 국가기록, 공기록을 중심으로 연구할 수 없는가, 왜 한국의 연구자는 미국·러시아·일본·중국 등 해외의 기록을 찾아 다녀야 하는가 하는 근본적 질문인 것이다. 한국현대사가 겪어온 우여곡절의 경로가 기록의 부재와 불충분을 불러온 것은 분명하지만, 그것만으로는 충분한 해답이 될 수는 없었다.

외교협상사례 연구는 이러한 문제의식과 의문에 대한 작지만 분명하고 확실한 응답이 될 수 있을 것이다. 끊임없이 변화하는 세계 속에서, 축적된 과거를 반영하는 현재를 잘 이해하고 해석하는 것은 현재가 만들어낼 미래를 분석하는 기초가 되기 때문이다. "과거는 다가올 미래의 서막이다(What is past is prologue)"라는 셰익스피어의 경구처럼 이 사례 연구가 외교사를 연구하거나 관심있는 학자·학생들, 외교관을 지망하는 후보자들, 외교관들과 정부 관계자들은 물론 일반 독자들에게도 말하고 의미하는 바가 있기를 기대한다.

이 연구를 진행하는 과정에서 자문과 도움을 아끼지 않은 기획편집위원회 선생님들과 실무를 맡아 수고한 국립외교원 외교사연구센터의 이상숙교수, 정종혁연구원께 감사의 말씀을 드린다.

2019년 8월 11일

정병준

차 례

| 표 |

범례

1. 본 총서는 한국외교협상사례 기획편집위원회가 선정한 『한국 100대 외교협상사례』에 기초하여 협상의 배경과 중요 쟁점, 전개과정과 협상전략, 후속조치와 평가 등을 서술한 것이다.

2. 본 총서의 집필자 추천 및 원고 심사는 한국외교협상사례 기획편집위원회가 담당하였다. 본 위원회의 구성은 다음과 같다.

   공동위원장　신욱희(서울대학교), 홍석률(성신여자대학교)

   위　　　원　신종대(북한대학원대학교)

   위　　　원　우승지(경희대학교)

   위　　　원　정병준(이화여자대학교)

   위　　　원　조양현(국립외교원)

3. 본 총서는 각 협상사례를 상대국 및 주제에 따라 총 7개의 클러스터로 분류하였다. 각 클러스터는 책등 및 앞표지 상단의 사각형 색으로 구분하였다.

   1) 한반도(황색)

   2) 미국(주황색)

   3) 일본(자주색)

   4) 중국, 러시아(보라색)

   5) 유럽, 제3세계(남색)

   6) 국제기구, 환경(녹색)

   7) 경제통상(연두색)

4. 부록에는 협상의 관련 자료와 연표 등을 수록하였다.

  1) 관련 자료에는 한국, 협상상대국, 제3국의 외교문서 원문 및 발췌문, 발표문, 언론보도 등을 수록하였다.

  2) 자료의 제목, 공식 문서명, 발신일, 수록 문서철, 문서등록번호, 기타 출처 등은 부록 서두에 목록화하였다.

  3) 연표에는 주요 사건의 시기와 내용, 관련 자료 등을 표기하였다.

  (예)

시기	내용
1950. 10. 7.	유엔총회 UNCURK 창설 결의

[자료 1] "Resolution 376 (V) Adopted by the General Assembly"

  4) 자료의 제목은 공식 문서명을 기재하는 것을 원칙으로 하되(예: "Telegram from the Embassy in Korea to the Department of State") 편의상 자료의 통칭 등을 기재하기도 하였다(예: "닉슨 독트린").

  5) 자료는 원칙적으로 발신일을 기준으로 나열하되, 경우에 따라 협상 단계 및 자료간 연관성 등을 고려하여 배치하였다.

| 개요 |

1951년 9월 연합국과 일본은 제2차 세계대전 이래의 적대관계를 청산하고 평화관계로 전환하는 샌프란시스코평화조약을 체결했다. 일본은 주권을 회복했으며, 전후 일본의 영토가 확정되었다. 샌프란시스코평화조약과 함께 미일안보조약이 체결됨으로써, 일본은 전후 평화와 안보를 미국에 의탁하게 되었다. 미국의 주도로 준비된 샌프란시스코평화조약은 1950년 한국전쟁의 발발과 함께 급진전되었으며, 냉전기 동북아시아의 지역질서를 규정한 조약이 되었다.

한국은 1947년 미군정 하 과도정부 시기부터 대일평화조약 참가를 주장해왔고, 미국도 최초에는 한국의 조약 참가·서명국 지위를 고려했으나, 결국 일본의 식민지로 교전상대가 아니었다는 이유로 조약 참가가 좌절되었다. 한국문제는 조약의 준비과정과 체결과정의 일부로 다루어졌다.

이 연구는 1951년 샌프란시스코평화조약의 한반도 조항이 성립하는 과정, 이에 대한 관련 당사국들의 대응, 한국정부의 준비와 대응을 분석하며, 이를 통해 1950~60년대 한·미, 한·일, 미·일 관계의 원형으로서 샌프란시스코평화조약의 구조적 특징과 동북아시아 지역질서의 재편과정을 분석하는 것을 목적으로 하고 있다.

이 연구는 첫째 미국의 샌프란시스코평화조약 준비와 한반도 관련 정책의 성립과정, 영국의 개입, 일본의 평화조약 준비와 한반도 관련 정책 준비 등을 검토했다. 미국은 1947년 이래 본격적으로 대일평화조약을 준비했으며, 1950년 한국전쟁의 발발 이후 급속도로 조기강화를 서둘렀다. 이 시기에 이르러 미국의 대일평화조약 정책은 징벌적 조약에서 관대한 평화조약, 복잡한 조약문에서 간단한 조약문으로 성격이 변화했다. 일본은 1945년말 이래 평화조약을 준비해 왔으며, 1947년이 되면 일본정부의 기본입장을 확정하게 되었다. 일본은 가용한 수단을 동원해 일본의 이해를 대변하기 위해 노력했으며, 1947년 이래 냉전의 세계적 확산, 1949년 중국의 공산화, 1950년 한국전쟁의 발발이라는 국제정세의 변화에 편승하고자 했다.

둘째 샌프란시스코평화조약에 대한 한국정부의 준비작업과 대미협상의 구체적 실상을 분석했다. 미국외교문서(FRUS)는 한국정부의 답신, 답변서를 찾을 수 없다며 한국정부의 대응은 전반적으로 부정적, 소극적으로 평가했으며, 유진오 등 한국측 협상준비위원의 회고 역시 부정적인 인상을 남겼으나 이는 사실과 다르다. 한국정부는 협상준비위원회(외교위원회)를 구성했으며, 미국정부와 협상하며 3차례 의견서를 제출했다.

셋째 한국정부의 구체적 대미협상 과정과 내용을 다루었다. 한국전쟁의 와중에서 추진된 샌프란시스코평화조약과 관련해 한국정부는 미국을 통해 간접적으로 이해관계를 관철하려 시도했다. 한국의 외교적 시스템, 자원, 경험, 현안대응능력은 미약했으며, 1951년 시점에서 외교의 우선순위는 한국전쟁에서의 생존과 승리에 집중되어 있었다. 한국전쟁의 와중이자 1951년 1·4후퇴 이후 급격하게 추진된 샌프란시스코평화조약에 대한 대처는 한국정부의 외교적 우선순위에서 중요도가 떨어질 수밖에 없었으며, 샌프란시스코평화조약에 자체에서도 한국정부의 우선순위는 첫째 적산의 처리, 둘째 조약 참가·서명국 지위 획득, 셋째 맥아더라인의 유지, 넷째 영토문제의 처리 등의 순서였다.

먼저 일본이 남기고간 '적산(敵産)' 처리문제와 관련해 미국이 한국에 수교한 조약초안(1951. 7. 3)에는 일본의 적산을 한국 – 일본 양당사국이 처리한다고 되어 있었다. 한국정부의 외교적 대응은 이 부분을 해결하는데 집중되었으며, 샌프란시스코평화조약에서 실질적으로 성과를 거둔 부분이었다.

다음으로 한국의 조약 참가, 서명국 문제와 관련해 기존 연구에서는 주로 일본, 영국의 부정적 견해와 이에 동조한 미국의 입장만이 강조되었다. 그러나 미국의 입장 변화는 일본과 영국의 부정적 견해에 영향에 더해 한국정부가 제출한 의견서에 영향을 받았다. 미국은 한국의 지위를 조약 참가·서명국의 지위에서 추가 서명국의 지위, 나아가 특별조항의 수혜자로 변경함으로써 조약 참가, 서명국에서 제외했다.

맥아더라인의 유지는 한국정부가 1~3차 의견서를 통해 일관되게 주장한 입장이었으나, 미국은 맥아더라인의 유지 문제는 어업협정의 대상이라며 의견을 수용하지 않았다.

영토문제의 처리는 한국정부가 샌프란시스코평화조약과 관련한 대응에서 가장 논란이 많은 문제였다. 한국정부는 대미협상과정에서 대마도·독도·파랑도를 한국의 영토로 주장했다. 영토문제와 관련해 한국정부는 정확한 증거자료를 제출하거나, 한국 입장의 일관성·합리성을 유지하는데 성공하지 못했다.

샌프란시스코평화회담은 한국정부 수립 이후 시도된 최초의 간접적 다자외교의 출발점이었다. 한국정부는 미국을 통해 한국의 이익을 옹호·대변하기 위해 노력했다. 한국정부는 조약 서명국·참가국 지위 및 연합국 지위의 획득, 적산의 한국소유 재확인, 맥아더라인의 유지, 영토문제(대마도·독도·파랑도)의 해결을 요구했다. 이 회담에 대한 한국정부의 대응에서 찾을 수 있는 외교사적 함의는 다음과 같다.

첫째 샌프란시스코평화조약에 대처하는 한국의 국내적 입장·요구와 미국이 추구하는 국제적 맥락 사이에는 큰 간극이 존재했다. 존 포스터 덜레스(John Foster Dulles)를 비롯한 미국의 대일평화조약 특사단은 최초에 한국을 잠재적 회담 참가국·조약 서명국으로 간주해 대일평화조약 초안을 수교했다. 미국의 초점은 한국과 일본이 과거의 적대관계를 청산하고 새로운 반공의 이웃으로 관계를 재편하는 것이었다.

반면 한국은 일본으로부터 해방된 지 불과 6년 뒤의 시점에서 일본과의 과거사를 쉽게 정리할 수 없었다. 한국정부는 대한민국임시정부를 중심으로 대일선전포고와 광복군 등의 무장투쟁으로 제2차 대전기 일본과 교전상태에 놓여져 있었다고 주장하며, 식민지배에 대한 공개적이고 분명한 사과, 그 피해에 대한 배상·보상·청구권의 해결, 대일징벌적인 요구 등을 제시했다. 한국은 국내적·국민적 요구 및 한일 과거사의 연장선에서 벗어날 수 없었으며, 이는 미국이 구상하는 대일평화조약의 국제적 맥락과 큰 간극을 형성했다.

둘째 샌프란시스코평화조약에 대한 한국정부의 대처는 당시 한국의 외교적 상황과 국가적 상황 속에서 평가될 필요가 있다. 한국은 신생 국가의 일천한 외교적 시스템, 역량, 자원, 경험을 보유했다. 한국전쟁의 와중에서 국가의 모든 역량과 우선순위가 전쟁에서의 생존 및 승리에 두어져 있었다. 미국의 대일평화조약 특사단과 국무부 실무진 등은 한국의 사정에 동정적인 면이 있었으나, 결국 주장의 합리성, 문서의 증빙성에 근거해서 판단을 진행했다. 한국정부가 획득하려고 한 샌프란시스코평화조약의 여러 요구 가운데 일본 적산의 한국소유 재확인만이 수용되었고, 나머지 조약 서명국·참가국 지위 및 연합국 지위의 획득, 맥아더라인의 유지, 영토문제(대마도·독도·파랑도)의 해결 등은 기각되었다.

셋째 샌프란시스코평화조약에 대한 한국정부의 대처는 외교의 상황과 전쟁의 위기를 고려할 때 가능한 범위에서 차선의 노력을 경주했으며, 일본 적산의 한국소유 재확인이라는 중대한 성과를 얻었다. 이는 이미 미군정기에 완료된 기성의 문제였으므로, 한국에게 실제적으로 큰 실익은 없었지만, 일본과의 관계에서 발생할 수 있었던 큰 불이익을 회피할 수 있었다. 한국 외교의 실수는 영토문제에 대한 대처에서 발생했다. 한국 정부는 최초에는 정치적 요구이자 대일징벌적 영토할양으로 해석될 수 있는 대마도 이양을 요구했으며, 다음으로 대마도 주장을 포기한 대신 좌표와 실체가 불분명한 파랑도와 한국령이 분명한 독도를 함께 요구했으며, 마지막에는 파랑도·독도의 이양 요구조차 유지하지 않았다. 또한 독도에 관해 국내적으로 축적되고 확인된 자료들이 외교위원회에서 논의되거나 주미한국대사관으로 송부되지 않았다.

넷째 한국은 샌프란시스코평화회담의 참석·서명국이 아니었지만, 이 조약의 영향을 받게 되었다. 이는 조약문 자체가 규정하고 있는 제2조(영토), 제9조(어업제한 및 공해 어업개발·보호협정), 제12조(통상협정)의 이익은 상징적인 것에 불과했던 반면, 샌프란시스코평화조약이 추구한 전쟁책임·배상·영토할양이 없는 관대한 평화조약이라는 기본 구조가 한일관계에 즉각적인 영향을 미치게 된 것이다. 일본은 샌프란시스코평화조약에서 배제된 인접국들과 양자조약을 통해 평화를 회복했는데, 어떠한 경우에도 전쟁책임의 공개적 인정, 배상, 영토 문제 해결 등은 다뤄지지 않았다. 또한 한국정부가 선호한 일본과의 관계개선 방식인 다자간 회담·조약 혹은 미국을 중재인으로 한 회담 방식은 거부되고, 일본이 선호한 양자회담이 한일회담의 기본 방식으로 채택되었다.

샌프란시스코평화조약의
한반도관련 조항과
한국정부의 대응

Ⅰ. 서론

1. 연구의 의의 : '샌프란시스코평화조약과 한국의 대응' 사례연구의 의미

1951년 9월 일본과 연합국이 체결한 샌프란시스코평화조약은 일본이 2차 대전 이래 연합국과 맺은 적대관계를 청산하고 평화를 회복하는 동시에 일본의 주권을 회복하는 외교적 절차였다. 미국의 주도로 준비된 샌프란시스코평화조약은 1950년 한국전쟁의 발발과 함께 급진전되었으며, 냉전기 동북아시아의 지역질서를 규정한 조약이었다.

한국은 일본의 식민지였다는 이유로 조약 참가가 좌절되었지만, 한국문제는 조약의 준비과정과 체결과정의 일부로 다루어졌다.

한국전쟁의 와중에서 추진된 샌프란시스코평화조약과 관련해 한국은 미국을 통해 간접적으로 한국의 이해관계를 관철하려 시도했다. 한국의 외교적 시스템, 자원, 경험, 현안대응능력은 미약했으며, 1951년 시점에서 외교의 우선순위는 한국전쟁에서의 생존과 승리에 집중되어 있었다. 샌프란시스코평화조약에 대한 대처는 외교적 우선순위가 낮았으며, 샌프란시스코평화조약에 자체에서 한국정부의 우선순위는 첫째 적산의 처리, 둘째 조약 참가·서명국 지위 획득, 셋째 맥아더라인의 유지, 넷째 영토문제의 처리 등의 순서였다. 이 가운데 적산의 처리문제에 대해서만 한국정부의 견해가 관철되었다. 전반적으로 한국정부는 미국의 샌프란시스코평화조약 체결의 구조·맥락을 파악하지 못했으며, 미국·영국·일본 등 강대국 외교의 현실에 대한 경험이 부족했으나, 당시 한국정부가 보유한 외교역량에 비추어볼 때는 일정한 성과를 거두었다고 평가할 수 있다.

샌프란시스코평화조약은 한국이 직접 참가한 외교협상의 사례가 아니었음에도 불구하고, 이후 한국외교의 중요한 교훈이 되었다. 이는 한미 협상, 미국을 중재로 한 한일 간접외교, 다자간 협상의 사례로 역사적 의미를 갖고 있으며, 2차 대전 이후 독도문제의 중요한 분기점이 되었다는 점에서 역사성과 중요성을 갖고 있다.

이상의 문제의식 하에 이 연구는 샌프란시스코평화조약과 관련된 한반도 조항, 한국 관련 쟁점에 대한 외교사적 정리를 시도하는 것이다.

2. 연구의 특징 : 샌프란시스코평화조약과 1950~60년대 한·미·일 관계의 원형

이 연구는 미시적으로는 1951년 샌프란시스코평화조약의 한반도 조항이 성립하는 과정, 이에 대한 관련 당사국들의 대응, 한국정부의 준비와 대응을 분석하는 것이며, 거시적으로는 1950~60년대 한·미, 한·일, 미·일 관계의 원형으로서 샌프란시스코평화조약의 구조적 특징과 동북아시아 지역질서의 재편과정을 분석하는 것이다.

이 연구가 다룰 문제들은 다음과 같다.

첫째 미국의 샌프란시스코평화조약 준비와 한반도 관련 정책의 성립과정, 영국의 개입, 일본의 평화조약 준비와 한반도 관련 정책 준비 등을 검토한다.

둘째 샌프란시스코평화조약에 대한 한국정부의 준비작업과 대미협상의 구체적 실상을 분석한다. 미국외교문서(FRUS)는 한국정부의 답신, 답변서를 찾을 수 없다며 한국정부의 대응은 전반적으로 부정적, 소극적으로 평가했으며, 유진오 등 한국측 협상준비위원의 회고 역시 부정적인 인상을 남겼으나 이는 사실과 다르다. 한국정부는 협상준비위원회(외교위원회)를 구성했으며, 미국정부와 협상하며 3차례 의견서를 제출했다.

셋째 한국정부의 대응과 관련해 구체적으로 다음의 쟁점을 다룰 것이다.

(1) 한국의 조약 참가, 서명국 문제: 기존 연구에서는 주로 일본, 영국의 부정적 견해와 이에 동조한 미국의 입장만이 강조되었다. 이 시기 미국의 입장과 한국정부의 의견서 제출이 어떤 상관관계에 있었는지를 분석할 것이다.

(2) 일본이 남기고간 '적산(敵産)' 처리문제: 미국이 한국에 수교한 조약초안 (1951. 7. 3)에는 일본의 적산을 한국 – 일본 양당사국이 처리한다고 되어 있었다. 한국정부의 외교적 대응은 이 부분을 해결하는데 집중되었으며, 가장 실질적인 성과를 거둔 부분이었다.

(3) 독도 및 맥아더라인(어업선) 문제: 한국의 우선순위에서 영토문제 처리는 낮은 위상을 점했다. 한국은 미국과 협상과정에서 대마도.독도.파랑도를 한국의 영토로 주장했다. 한국정부는 대미협상과정에서 독도문제를 언급했으나, 정확한 문서처리를 하는 데 성공하지 못했다.

1. 샌프란시스코평화조약의 배경과 경위

1) 미국의 대일평화조약 준비와 조약 성격의 변화

미국의 대일평화조약 준비는 1947년부터 본격적으로 논의되기 시작해, 1951년 조약 체결로 이어졌는데, 크게 세 단계를 거치면서 진행되었다.[1]

첫번째 단계는 1947년 미국이 대일평화조약의 조기체결을 제안하면서 본격적으로 시작되었다. 1946년 하반기부터 대일평화조약을 준비 중이던 미국은 맥아더가 일본과의 조기강화를 천명한(1947. 3. 17) 후 7월 극동위원회 회원국들에 대일평화조약의 조기체결을 제안했다. 그러나 소련은 주요 연합국의 거부권(비토권) 보장을 주장하며, 다수결에 의한 대일평화조약이 아니라 주요 연합강대국의 외상회의에 의한 대일평화조약을 주장했다. 또한 중국 역시 조기강화와 강화방식에 반대함으로써 1947년 미국의 조기 대일평화조약 추진은 동력을 잃었다.

---

1   "Summary of Negotiations Leading Up To the Conclusion of the Treaty of Peace With Japan," by Robert A. Fearey(1951. 9. 18), RG 59, Office of Northeast Asia Affairs, Records Relating to the Treaty of Peace with Japan-Subject File, 1945-51, Lot 56D527, Box 1.

두번째 단계는 세계적 차원에서 미소냉전이 본격화되면서 미국이 소련을 배제한 단독강화를 추진하는 한편, 미국 내의 의견 차이를 해소하는 1948~1950년 시기이다. 미국과 소련의 갈등은 점차 고조되어, 미국은 1947년 이래 트루먼독트린, 베를린공수(空輸)로 대표되는 대소냉전정책을 본격화했고, 유럽에서의 냉전은 1948년 동아시아로 확산되었다. 미국의 대일정책은 군국주의 해체·민주주의 확보에서 일본을 미국의 하위동반자로 상정한 역코스(reverse course)정책으로 전환되었다. 일본을 아시아의 공장으로 재건하는 것을 목적으로 하는 새로운 정책은 미 국무부의 정책 브레인이자 냉전의 기획자였던 조지 케넌(George F. Kennan)이 주도했으며, 이는 NSC 13/2(1948. 10. 7)로 정식화되었다.

1949년 중국이 공산화되자, 동아시아에서 일본이 지니는 전략적 중요성이 제고되었다. 소련·중국·북한 등 동아시아 공산진영의 확산과 냉전 격화의 결과, 일본과의 평화조약 조기체결은 중요하고 긴급한 문제가 되었다. 이 당시 미국의 입장에서 대일평화조약의 체결을 위한 선결과제는 크게 세 가지였다. 첫째, 소련과의 타협 여부였다. 소련을 포함시키는 전면강화를 선택할 것인가, 아니면 소련을 배제하는 단독강화를 선택할 것인가의 갈림길이었다. 미국은 소련을 배제한 단독강화를 선택했다. 둘째, 미국 정책당국 내부의 이견조정이었다. 국무부는 평화조약 조기체결을 선호했지만, 국방부는 미군의 철수나 감소가 초래할 극동안보상의 위험성을 지적하며 이에 반대했다. 국방부는 오키나와와 일본 본토의 미군기지 확보 및 자유로운 병력 이동이 필요하다고 강조했다. 국무부와 국방부의 대립은 대일평화조약과 함께 미일안전보장조약을 동시에 채택하는 것으로 종결되었다. 그 핵심은 미국의 오키나와 보유 및 미군의 일본 주둔 보장이었다. 셋째, 일본정부와의 타협이었다. 핵심은 평화헌법 제9조로 교전권이 부재한 일본의 안전보장을 어떻게 확보할 것인가 하는 점이었다. 평화조약과 함께 안보조약을 체결하는, 평화와 안보를 교환하는 방식의 타협이 이루어졌다.

세번째 단계는 존 포스터 덜레스(John Foster Dulles)가 대일평화조약 담당 대통령특사가 되어 실제로 대일평화조약이 체결되는 1950~1951년의 시기이다. 공화당의 덜레스는 1950년 4월 19일 국무장관 고문에 임명되었고, 5월 18일에 대일평화조약의 체결을 담당하는 대통령특사로 임명되었다. 1950년 6월 17일 덜레스는 사전조사차 동경을 방문했다. 덜레스와 의견이 달랐던 루이스 존슨(Louis Johnson) 국방장관과 오마 브래들리(Omar Bradley) 합참의장도 같은 시기에 동경을 방문했다. 모든 쟁점과 갈등은 1950년 6월 한국전쟁 발발 이후 해소되기 시작했다. 특히 1950년 11월 중공의 개입으로 전세가 역전되고 유엔군이 퇴각하기 시작하자 일본의 중요성과 조기강화의 필요성이 급부상했다. 1950년 12월부터 1951년 1월 초까지 아시아의 유일한 교두보인 일본과의 조기강화가 필요한 것으로 결정이 내려졌고, 부처 간의 이견도 해소되었다. 국무부와 국방부는 남태평양의 구(舊)일본위임통치령, 오키나와 등을 미국의 신탁통치지역으로 두고, 일본과 개별적인 안보조약을 체결함으로써 일본 내 미군주둔의 합법적 근거를 마련한다는 선에서 대일평화조약 체결에 합의했다. 덜레스는 조약 초안을 들고 관련 당사국들을 순방해 이견을 조정 하고 합의하는 소위 셔틀외교를 통해 조약 체결에 도달했다. 대일평화조약은 관련 당사국들이 회담을 통해 합의에 이른 것이 아니라, 덜레스가 서류가방을 들고 개별 국가들과 접촉하여 성사된 것이었다. 이는 전례 없는 평화조약의 체결방식이었고, 그 본질은 미국 주도의 단독강화, 다수강화(majority peace)의 선택이었다. 단독강화란 1942년 연합국들이 적국과 단독으로 강화하지 않고 전면적·집단적으로 강화해야 한다는 단독불강화원칙 합의에서 벗어난 것이고, 다수강화란 미국·영국을 중심으로 한 진영이 소련과 중국, 친공산국가를 배제한 채 다수 연합국과 강화를 추진하는 것을 의미했다.

덜레스는 1951년 두 차례 동경을 방문해 적국 일본과 대일평화조약과 안보조약을 패키지로 하는 평화조약 체결에 합의했다. 덜레스는 주요 동맹국인 영국·필리핀·호주·뉴질랜드를 직접 방문했고, 워싱턴과 뉴욕에서 주요 연합국 대표들과 접촉했다. 영국과의 협의과정에서 대일평화조약의 성격, 중국의 회담참가문제 등에 이견이 있었지만, 곧 미국안을 중심으로 합의에 도달했다. 두 차례 영미합동초안이 조율되었고, 합의된 조약 초안에 대한 연합국들의 동의가 있은 후 1951년 9월 샌프란시스코에서 연합국과 일본과의 평화조약이 체결되었다. 이로써 제2차 세계대전 이후 연합국과 일본의 전쟁상태·적대관계는 청산되었으며 평화관계로 전환되었다. 일본은 1947년 평화헌법에 따라 군대 및 교전권이 없는 상태였기 때문에, 미국과 미일안보조약을 체결해 미군을 주둔케 함으로써 안전보장을 확보했다. 미일안보조약이 대일평화조약과 한 세트로 체결됨으로써 일본의 입장에서는 안보조약을 근거로 평화조약을 체결한 것이었다.

한편, 이 과정에서 제2차 세계대전기 연합국의 일원으로 미국과 동맹국이었던 필리핀·호주·뉴질랜드 등은 미국이 적국 일본에 안보를 공여하는 상황에 격분했다. 미국은 이를 무마하기 위해 미일안보조약을 전후한 1951년 필리핀과 안보조약을, 호주·뉴질랜드와 안보조약(ANZUS)을 체결했다. 1953년 휴

전을 맞이한 한국 역시 안보조약을 요구했고, 그 결과 한미상호방위조약이 체결되었다. 이로써 아시아에는 미국을 중심으로 한 미국·일본, 미국·한국, 미국·호주·뉴질랜드의 안보동맹이 체결되었다. 미국을 중심으로 일본 – 한국 – 필리핀, 일본 – 호주 – 뉴질랜드로 이어지는 안보의 사슬이 만들어진 것이다. 이는 이후 아시아 역내질서의 중요한 기둥이 되었다.

대일평화조약은 초안의 작성과 평화회담 진척과정에 따라 크게 다섯 단계로 구분할 수 있다. 각 단계마다 여러 차례의 초안들이 수정·재수정되는 과정을 겪었다.

첫째, 미 국무부 내부에서 초안이 만들어지는 단계였다. 국무부 극동국을 중심으로 1947년 초반부터 조약 초안이 작성되기 시작했으며, 수정과 재수정 작업은 1948년까지 지속되었다. 국무부 대일조약작업단이 이 업무를 담당했다. 조약 초안 작성실무를 지휘한 것은 국무부 극동국 일본과장이었던 휴 보튼(Hugh Borton)이었고, 일본과 소속이었던 로버트 피어리(Robert A. Fearey)가 영토조항의 초안을 작성했다. 이 단계에서 가장 중요한 문서는 정책기획단(Policy Planning Staff: PPS)이 작성한 1947년 10월 14일자 1급 비밀(Top Secret) 문서 「PPS/10. 대일평화 정착에 수반된 문제에 대한 정책기획단의 연구결과」였다.[2]

냉전의 기획자 조지 케넌이 주도한 이 문서에는 첨부 A(Appendix A)로 지도가 실려 있는데, 이 지도는 대일평화조약을 준비하는 과정에서 미국이 작성한

---

2 "PPS/10 Results of Planning Staff Study of Questions Involved in the Japanese Peace Treaty," Memorandum by George F. Kennan to the Secretary of State(Marshall) and the Under Secretary(Lovett)(1947. 10. 14), FW 740.0011PW(Peace)/10-2447, RG 59, Department of State, Decimal File, 740.0011PW (Peace) file, Box 3501.

최초의 공식지도이며, 여기에 독도(Liancourt Rocks)는 명백히 한국령으로 표시되어 있다. 이를 통해 1947년 초반부터 미 국무부가 독도는 한국령이라는 판단을 내리고 있었음을 확인할 수 있다.

둘째, 미 국무부가 영국정부에 송부하기 위해 조약 초안을 작성한 후 동경과 국방부에 회람하고 수정하는 단계였다. 소련과 중국의 반대로 1948년 초반에 중단되었던 대일평화조약 초안 작성작업은 1949년 9월 이후 재개되었다. 1949년 9월 미 국무장관 딘 애치슨(Dean Acheson)과 영국 외상 어니스트 베빈(Ernest Bevin)의 워싱턴회담이 개최되었다. 베빈은 1950년 1월 개최 예정인 영연방외상회의에서 미국측 조약 초안을 회람시키자고 제안했다. 조약 초안이 만족할 만하면 영국과 영연방국가들이 합의해 대일평화회담의 조기타결을 돕겠다는 의향이었다. 중단되었던 조약 초안 작성작업은 1949년 10~12월 속도를 올리기 시작했다. 국무부의 조약 초안은 1949년 11~12월 작성되었으나, 국방부는 미국의 안보적 이익이 확보되지 않는 한 일본과의 조기강화는 시기상조라며 반대했다. 남태평양의 구일본위임통치령에 대한 신탁통치, 류큐제도에 대한 신탁통치, 요코스카(橫須賀)항 확보, 일본 본토 내 육해군 기지 보유가 국방부의 요구조건이었다. 국무부와 국방부의 의견조율 실패로 결국 1950년 1월 9일 개최된 영연방외상회의에 미국측 조약 초안을 제출할 수 없게 되었다. 이런 과정에서 국무부는 부내 의견을 수렴해 1949년 11월 2일 대일강화조약 초안을 완성했다. 이 초안에 부속지도가 첨부되었는데, 역시 독도(리앙쿠르암)가 한국령으로 기록되어 있었다. 국무부는 동경의 맥아더와 윌리엄 시볼드(William J. Sebald) 주일정치고문, 국방부 장관 등 세 명에게만 이 조약 초안을 송부했다. 조기강화에 반대했던 국방부는 검토의견을 내지 않는 지연전술을 썼고, 맥아더는 간단한 논평을 보냈다. 반면, 시볼드는 일본의 이해를 대변한 답변을 제출했다.

독도와 관련해 가장 중요한 사건이 이 시점에 발생했다. 미 국무부의 대표이자 주일정치고문이었던 시볼드는 초안에 대한 검토의견서에서 독도가 1905년 일본령이 된 이후 단 한 차례도 한국의 이의제기를 받지 않아 일본 영토라는 주장을 폈다.[3] 초안을 전달받지 못했던 주한미대사 존 무초(John J. Muccio)는 미국과 유엔이 정책적으로 한국을 지지했으며 한국정부의 위신이 있기 때문에 한국에 대일평화협상 참가 및 서명국 지위를 부여해야 한다는 의견을 제출했다.[4] 미 국무부는 현지공관의 의견을 그대로 수용해서 1949년 12월 조약 초안을 수정했다. 여기에는 한일 주재 두 대사의 의견이 반영되어 한국의 대일평화협상 참가, 독도는 일본령이라는 조항이 새로 추가되었으나 조약 초안에는 전반적으로 시볼드의 친일적 견해가 대폭 반영되었다. 미 국무부가 독도를 일본령으로 잘못 표기한 이 초안의 존재는 이후 일본이 주장하는 독도의 일본 영유권, 대일평화조약에서 독도가 일본령으로 확인되었다는 주장의 가장 강력한 근거가 되었다. 한국정부, 주한미대사관은 전혀 이 사실을 인지하지 못했다.

셋째, 덜레스가 등장한 후 작성된 초안의 단계였다. 1950년 5월 대일평화조

---

3 The Acting Political Adviser in Japan(Sebald) to the Secretary of State(1949. 11. 14), RG 59, Department of State, Decimal File, 740.0011PW(Peace)/11-1449, *FRUS*, 1949, Vol. VII, pp. 898~900; Sebald to the Secretary of State, Subject: Comment on Draft Treaty of Peace with Japan(1949. 11. 19), Department of State, Decimal File, 740.0011PW(Peace)/11-1949.

4 John J. Muccio, Ambassador to Korea to the Secretary of State(1949. 12. 3), RG 59, Department of State, Decimal File, 740.0011PW (Peace)/12-349; *FRUS*, 1949, Vol. VII, p. 904.

약 대통령특사로 임명된 존 포스터 덜레스는 일본 및 연합국들과의 협상을 지휘했다. 덜레스는 대일평화조약의 핵심이 "비징벌적인 평화조약"에 있다고 생각했다. 제1차 대전을 종결한 베르사유회담에 초급 외교관으로 동석했던 덜레스는 베르사유조약이 패전국에 대한 전쟁책임을 명문화한 후 영토할양, 배상금 등을 강제했기 때문에 독일에 의한 제2차 대전이 발발했다고 생각했다.[5] 당시 미 국무부가 작성한 기존의 조약 초안은 베르사유체제와 마찬가지로 배상을 포함한 징벌적 성격이 강했으며, 제2차 대전 이후 이탈리아와의 평화조약 역시 전쟁책임과 배상문제를 중요하게 다루었다. 덜레스는 국무부가 준비한 초안이 "지나치게 상세"하며, 일본인의 의견을 결정적으로 수용하지는 않더라도 시작단계부터 일본과 의논해야 한다고 확신했다.[6] 한국전쟁 발발 이후 덜레스는 비징벌적이며 가혹하지 않은, 나아가 배상문제를 거의 배제한 '평화조약' 추진을 구상했다. 덜레스는 1947년 이래 미 국무부가 준비해왔던 조약 초안과는 완전히 성격을 달리하는 새로운 조약 초안을 요구했다. 1950년 9월 덜레스가 마련한 대일평화7원칙은 이러한 입장의 표명이었다. 비징벌적이며, 전쟁책임을 묻지 않고, 배상을 요구하지 않으며, 평화적인 조약 초안이었다. 또 한 가지 특징은 매우 간단한 초안이라는 점이었다. 이는 미국이 관련 이해당사국과 사전합의를 이끌어내기 위한 방안이기도 했다. 세부적인 사항들은 모두 생략되었고, 중요하고 대표적인 사항만 제시되었다. 정확히 말해 대일평화7원칙과 1950년 10월까지의 초안들은 간단한 개략적 내용만을 포함했다. 한국과

5 John M. Allison, *Ambassador from the Prairie*, Boston, Houghton Mifflin, 1973, p. 146.
6 John M. Allison, 같은 책, pp. 146~147.

관련해서는 일본이 한국의 독립을 승인하며 한국에 대한 권리·권원·청구권을 방기한다고 명시되었을 뿐, 리앙쿠르암(독도)은 언급되지 않았다.

넷째, 연합국과의 협의를 위해 작성된 공식초안 단계였다. 1951년 3월 완성된 초안은 덜레스의 제1차 동경 방문(1951. 1~2) 이후 연합국에 송부하기 위해 작성된 본격적인 초안이었다. 이 초안의 명칭은 「대일평화조약 임시초안(제안용)」[Provisional Draft of a Japanese Peace Treaty(Suggestive Only)]으로,[7] 이는 미국이 국내용·재외공관 회람용으로 작성했던 여타의 초안과는 다른 공식성을 지닌 최초의 협상용 초안이었다. 미국은 한국정부에 이 초안을 송부함으로써 한국을 협상국 혹은 참가국으로 상정하고 있음을 밝혔다. 한국과 관련된 조항은 셋째 단계와 동일했으며, 역시 리앙쿠르암(독도)은 언급되지 않았다.

다섯째, 미국이 주요 연합국인 영국과의 협의를 통해 영미합동초안을 작성하는 단계였다. 미국은 제1차 영미합동회의(1951. 3), 영미합동실무단회의(1951. 4~5)를 거쳐 제1차 영미합동초안(1951. 5. 3)을 완성했다. 그러나 영미합동초안을 한국정부에 수교하지는 않았다. 이 단계에서 영국의 제안에 따라 일본이 제주도·거문도·울릉도를 포함한 한국의 독립을 승인하며 한국에 대한 권리·권원·청구권을 방기한다는 내용이 초안에 명시되었다. 1951년 5월의 제1차 영미합동초안의 한국 관련 조항은 최종 조약으로 계승되었다. 미국과 영국은 최종 조율을 통해 제3차 영미합동초안(1951. 7. 3)을 작성했고, 이를 일본과 관련 13개국에 송부했다(1951. 7. 9). 한국정부에도 제3차 영미합동초안을 수교했지만, 협상국·서명국·참가국의 지위는 부정되었다. 그 후 약간의 수정을 거쳐

---

7 RG 59, Office of Northeast Asia Affairs, Records Relating to the Treaty of Peace with Japan- Subject File, 1945-51, Lot 56D527, Box 1.

최종 초안이 마련되어 8월 13일 관련국들에 배부되었고, 이는 9월 4일 샌프란 시스코평화회담에서 서명되었다. 이상과 같이 대일평화조약의 초안은 시기적 흐름에 따라 크게 다섯 단계로 진행되며 변화되었다.

2) 일본의 평화조약 준비

패전 후 일본은 국가주권의 가장 중요한 두 가지인 군사주권과 외교주권을 박탈당했다. 전쟁 수행기관이었던 육군성·해군성 등은 해체되었지만, 외무성 은 여전히 존속되었다. 외교권이 박탈된 외무성이 당면한 가장 중요한 업무는 바로 평화조약의 준비였다. 이 준비작업은 몇 단계로 나뉘어 진행되었는데, 외 무성 내에서 평화조약문제연구간사회(平和條約問題研究幹事會)를 조직해 내부적 으로 논의하는 단계(1945. 11~1947. 4), 외무성과 정부 내 관련 부처들이 평화조 약각성연락간사회(平和條約各省連絡幹事會)를 조직해 협의하는 단계(1947. 5~8), 관계부처 장관들의 협의에 따라 외무성 내에 심의실을 설치해 각성연락간사 회를 각 성의 실무자 상설회의로 만들어 평화조약에 대처하는 단계(1947. 9~) 로 진행되었다. 마지막 단계에 도달하면서 일본 외무성은 대일평화조약과 관 련한 일련의 준비작업의 대강을 완성하게 되었다.[8]

한편, 1947년 7월에 접어들면서 미국을 중심으로 조기강화 움직임이 본격 화되었다. 이와 발을 맞춰 일본정부는 연합국과의 공식·비공식 접촉을 본격 화했다. 대일평화회담의 절차·성격을 둘러싸고 미소 간 의견 차이와 대립으 로 회담개최가 지연되었지만, 1950년 5월 미국이 존 포스터 덜레스(John Foster

---

8 정병준, 2010 『독도1947』 돌베개. 이하의 설명은 277~313쪽을 참조.

Dulles)를 대일평화조약 담당특사로 임명하면서 논의가 본격화되었다. 미국에 의한 단독강화·조기강화가 분명해진 1950년 중반의 시점에 이미 일본은 5년 이상 평화조약 준비작업을 진행했고, 외무성과 관계부처들이 주요 의제·쟁점들을 정부 차원에서 논의·결정한 단계에 이르러 있었다.

첫째 평화조약문제연구간사회(1945. 11~1947. 5) 단계에서는 평화조약 준비작업이 시작되었다. 패전 직후 요시다 시게루(吉田茂)는 1945년 9월 외상 취임식에서 패전국인 일본의 운명을 연합국 손에 달린 "도마 위의 잉어"(俎の上の鯉)라고 규정하며 분발을 촉구했다. 요시다의 주도로 외무성 조약국이 중심이 되어 1945년 11월 21일 외무성에 평화조약문제연구간사회가 설치되었다. 이후 일본 외무성은 연합국측과 평화조약문제를 전면 논의하는 시점을 1947년 초반으로 상정해놓고 준비작업을 매우 신속하게 진행했다. 일본 외무성은 이러한 일정에 맞추어 평화조약 준비작업을 진행했다. 평화조약문제연구간사회의 제1차 연구보고는 1946년 5월 완성되었고, 관계부처에 배포되었다. 제2차 연구는 1946년 하반기에 대부분 완성된 것으로 보인다.

둘째 평화조약각성연락간사회(1947. 5) 설치단계에서 일본정부는 일반원칙 논의에 돌입했다. 외무성의 내부 준비작업은 1947년 5월경에 최종 종료되었고, 외무성 내에 '평화조약각성연락간사회'라는 명칭의 비공식 각성연락간사회가 설치되었다. 경제안정본부, 외무성, 종전연락중앙사무국(終戰連絡中央事務局), 내무성, 대장성, 사법성, 농림성, 상공성, 무역성, 운수성 등 10개 부처가 참가했다. 이미 각론 차원의 논의가 대강 완료된 상태였기 때문에 총론 차원으로 종합하는 단계에 도달했던 것이다. 「평화조약에 대한 일본정부의 일반적 견해」라는 제목의 안은 1947년 7월 3차례의 검토·수정작업을 거쳐 완성되었다.

핵심은 일본의 진술과 희망을 청취해줄 것, 기성의 전시 선언에 기초한 평화조약이 될 것, 일본 책임 하에 민주화, 비군사화 등을 진행할 것, 일본의 정치적 독립과 영토보전·안전을 보장할 것, 일본을 경제적으로 원조할 것 등이었다.

셋째 단계에서 일본은 연합국과의 협의(1947. 7)를 개시하며 심의실을 설치했다. 일본은 1946년 종전연락중앙사무국(終戰連絡中央事務局) 총무부장 아사카이 고이치로(朝海浩一郎)가 대일이사회 영연방대표인 맥마흔 볼(W. MacMahon Ball), 대일이사회 미국대표이자 연합군최고사령부 외교국장·주일미정치고문인 조지 앳치슨(George Atcheson Jr.)과 여러 차례 접촉했다. 1947년 7월 26일 아시다 히토시(芦田均) 외상은 연합군최고사령부(SCAP)의 앳치슨 외교국장을 만나 영문으로 된 9개 항목의 일본정부 요망안을 전달했다. 7월 28일에는 연합군최고사령부 민정국장인 코트니 휘트니(Courtney Whitney) 소장을 방문해 역시 9개 항목의 일본정부 요망안을 전달했지만, SCAP과 연합국의 거센 반발을 샀다.

그러나 일본정부는 평화조약 관련 준비대책을 총지휘하기 위해 정부 차원의 심의실을 설치했다(1947. 9. 15).

넷째 단계인 1948년 미국의 대일 역코스(reverse course) 정책이 채택되자 일본은 '사실상의 평화' 추구정책으로 전환했다. 미국이 일본에 대해 국가주권의 제약을 점차 철폐함으로써 일본정부는 평화조약 체결 전이라도 일본을 사실상 평화조약체제로 만드는 '사실상의 평화' 정착이 가능하다고 판단했다. '전쟁상태 종료선언'을 통해 평화조약을 체결하지 않는 '사실상의 강화'가 가능하다고 본 것이다. 구체적으로 일본 외무성은 일본주권의 부분적 회복, 외교권의 회복이 가능하다고 보았다. 1949년에 들어서 외무성은 내부에 정책심의위원회를 설치하여(1949. 1. 27) 최고 방침과 정책에 대한 심의 및 조정을 담당케 했다.

다섯째 단계에서 일본은 냉전과 한국전쟁의 발발로 '단독강화'·'다수강화'가 가능하다고 판단하게 되었다. 단독강화는 일본이 일부 국가와는 평화상태를 회복하지만, 다른 나라와는 기술적인(technical) 전쟁상태를 존속하는 형태이며, 주로 미국·영국·기타 국가와는 평화상태를 회복하지만 소련(중공)과는 평화상태를 회복하지 않는 경우를 전제한 것이었다. 미국의 대일인식이 급격하게 우호적으로 변화하는 주관적 조건과 악화일로에 있는 미소관계라는 객관적 조건에 비추어볼 때 단독강화가 유력하다고 판단했다. 일본의 결론은 단독강화가 되면 미군의 장기주둔이 불가피하며, 이럴 경우 일본의 안전보장 방식이 문제가 된다는 것이었다. 미군 주둔에 의해 일본의 안전이 보호되어야 하며, 미군 주둔의 영속화로 일본인의 자립심이 저하되는 등 악영향이 우려되지만, 영속적인 점령보다는 주둔이 더 낫다고 판단했다.

일본정부의 입장은 1950년 9월 「대일평화조약상정대강」(對日平和條約想定大綱)의 최종고(最終稿)로 귀결되었다. 이는 대일평화조약에 대비한 일본정부의 공식적인 입장을 총정리한 것으로, 1951년 덜레스 사절단과의 협의에 기초가 될 문서였다. 극비로 분류된 이 문서는 1950년 3월에 준비된 초고에 이탈리아평화조약을 참고해 완성한 것이다. 모두 7개 장으로 구성되었으며, '1. 전문 2. 영토조항 3. 정치조항 4. 군사조항 5. 경제조항 6. 조약이행의 보장 7. 안전보장'이었다.

이상과 같이 일본정부는 1945년 말부터 시작한 평화조약 준비작업을 1950년 하반기에 완성했다. 치밀한 준비작업은 완료되었고, 남은 것은 연합국, 특히 미국과의 협의였다. 1945년 시작단계에서는 가혹한 징벌적 조약을 염두에 두었지만, 1947년 이후 냉전이 본격화하면서 대일정책에서 변화가 감지되고, 1948년 역코스정책으로의 전환을 계기로 일본은 '사실상의 평화'와 '단독강화'를 염두에 두게 되었다. 마침내 1950년 한국전쟁의 발발을 계기로 쌍무적 단독강화의 체결이 임박해졌으며, 일본정부는 「대강」을 완성하게 되었던 것이다.

2. 한국조항의 중요 쟁점들

샌프란시스코평화조약의 체결과정에서 한국정부가 미국으로부터 수령한 조약초안은 모두 3가지였다. 이 3개의 초안은 한국정부가 샌프란시스코평화조약에 대처할 수 있는 문헌적 통로이자 대응의 기초가 되었다.

1) 「대일평화조약 임시초안(제안용)」[Provisional Draft of a Japanese Peace Treaty(Suggestive Only)](1951. 3)의 한국조항 및 관련 조항

1951년 3월 확정된 미국 정부의 최초의 공식초안으로 연합국에 송부된 「대일평화조약 임시초안(제안용)」[Provisional Draft of a Japanese Peace Treaty(Suggestive Only)]이다.[9] 이 초안은 덜레스의 대일평화7원칙을 기초로 삼아 1950년 9월부

---

9 "Provisional Draft of a Japanese Peace Treaty(Suggestive Only)," (1951. 3), RG 59, Office of Northeast Asia Affairs, Records Relating to the Treaty of Peace with Japan-Subject File, 1945–51, Lot 56D527, Box 1.

터 1951년 1월까지 14개국 정부의 대표들과 최소한 한 차례 이상 의견교환을 거친 후 작성된 것이었다.[10] 한국 외교부 공개외교문서에는 이 조약초안이 포함되어 있지 않다. 초안의 특징은 다음과 같았다.

(1) 이 초안은 관련 당사국에 송부된 최초의 공식적인 미국 조약 초안이었다. 이전까지와는 다르게 공식성을 지닌 최초의 조약 초안이었다는 점이 가장 큰 특징이었다.

(2) 이 초안은 형식면에서 1950년 이전의 초안과는 달랐다. 가장 큰 변화는 이전 초안에 등장했던 전문과 기본원칙 등이 사라졌다는 점이다. 기본 원칙은 전문에 해당하는 서두에 흡수되었다. 미국은 첫번째 장의 제목을 평화(Peace)로 제시함으로써 이 조약의 가장 큰 목적이자 원칙이 평화에 있음을 강조했다. 일본의 의무나 전쟁책임은 포함되지 않았다. 또한 예전 초안에 있었던 연합국·협력국 명단도 삭제되었다.

(3) 초안의 분량과 형식이 매우 간단해졌다. 전체 분량은 8쪽으로, 8개 장 22개 조문으로 구성되었다. 1949년 12월 초안과 비교해보면 총 10개 장에서 8개 장으로, 총 44개 조문에서 22개 조문으로 분량이 대폭 축소되었음을 알 수 있다. 덜레스가 추구한 '비징벌적'이며 '간단한' 대일평화조약 초안이 성립된 것이었다.

(4) 일본 영토를 규정한 예전의 조항들이 사라졌다. 다만 간단하게 제2장 주권(Sovereignty)에서 "2. 연합국은 일본과 그 영해에 대한 일본 국민의 모든 주

---

10 "Major Papers Regarding Japanese Peace Treaty and Pacific Pact," (undated), RG 59, Office of Northeast Asia Affairs, Records Relating to the Treaty of Peace with Japan-Subject File, 1945-51, Lot 56D527, Box 3, Folder, "Miscellaneous".

권을 승인한다"라고 규정했다. 예전의 상세하고 정교하게 일본 영토, 특히 일본에 포함될 부속소도를 규정한 조항들은 사라졌다. 일본 영토의 시작과 끝이 어디이며, 타국과의 경계선이 어디인가에 대한 명백한 규정이 사라진 것이다. 1951년 2월 9일 미국과 일본이 개략적 초안에 합의한 이래 일본이 주변국과 영토분쟁을 벌이게 될 가능성을 내포한 조약 초안이 공식화되었다고 평가할 수 있다.

(5) 이전에 일본이 포기·양도할 지역에 대한 규정도 간단하게 변화했다.[11] 이는 1951년 2월 9일 일본과의 합의에 따른 것으로, 일본이 포기할 지역에 대해서는 아주 간단하게 설명한 반면, 미국이 신탁통치를 실시할 지역에 대해서는 아주 상세하게 설명한 것을 알 수 있다. 또한 남사할린과 쿠릴섬에 대한 규정이 새로 추가되었음을 알 수 있다.

한국 및 영토조항과 관련한 이 조약 초안의 특징과 중요성은 다음과 같다.

(1) 조약 초안이 한국에 송부되었다는 사실이다. 한국은 호주·버마·캐나다·실론·중국·프랑스·인도·인도네시아·네덜란드·뉴질랜드·파키스탄·필리핀·영국·소련 등과 함께 조약 초안을 송부받은 15개국에 포함되었다. 한국에 조약 초안이 송부됨으로써 미국은 한국을 대일평화회담의 참가국·초청국, 평화조약의 서명국으로서의 지위를 인정한 것이었다. 즉, 1951년 3월의 시점에 미국은 대일점령정책에 참가한 극동위원회(FEC) 13개국 외에 한국과 인도네시아에만 회담참가 자격과 조약서명 자격을 인정해 조약 초안을 송부했던 것이다.

---

11 "Provisional Draft of a Japanese Peace Treaty (Suggestive Only)," (1951. 3).

(2) 독도 관련 조항이 삭제되었다. 독도는 일본령에도 한국령에도 포함되지 않았다. 일본령을 간단하게 규정하고, 대만·한국·쿠릴 등에 대한 조문을 간략하게 표현하는 과정에서 독도 관련 조항은 삭제되었다. 한국에 대한 규정은 제3장 영토조항에 "3. 일본은 한국, 대만 및 팽호도에 대한 모든 권리·권원·청구권을 포기한다"라고만 간단하게 되었다.

(3) 청구권과 관련된 제14조 및 제15조는 한국의 귀속재산 처리 및 주일한국 재산과 관련해 매우 중요한 문제였다. 일본과 일본인이 한국에 두고간 '적산'의 처리문제, 재일한국인의 일본 내 청구권을 둘러싸고 논란이 있었다.

제14조. (전략) 그러나 일본은 모든 연합국이 1941년 12월 7일부터 1945년 9월 2일 사이에 그들 영토 내에서 혹은 일본이 방기한 영토 내에서 일본과 일본 국민의 모든 재산, 권리, 이익을 귀속(vest), 보유(retain), 처분(dispose)할 권한을 승인한다. 예외는

(i) 연합국의 영토에 거주하는 것을 허락받았으며 1945년 9월 2일 이전 특별조치의 대상이 되지 않은 일본 국민의 재산

(ii) 유형의 외교 혹은 영사 관련 재산, 그 보존에 수반되는 순 비용

(iii) 비정치적 종교, 자선, 문화 혹은 교육기관의 재산

(iv) 그 재산에 관한 권리, 권원 혹은 이익 (증빙) 문서 혹은 유사한 증거가 어느 곳에 존재하는지와 무관하게 일본 내에 (존재하는) 재산 혹은 그에 관련된 모든 채무청구권

(v) 일본에서 기원한 생산물을 확인해주는 상표.

제15조. 일본은 "본 조약의 발효 후 최초 6개월 이내에 요청에 따라 모든 연합국과

그 국민들의 일본 내 재산, 유형 및 무형, 모든 종류의 재산 및 이해를 반환한다"[12]

일본이 남기고 간 '적산'의 처리, 재일한국인들의 청구권 문제는 한국정부가 가장 주목하고 심혈을 기울여 대처한 조항들이었다.

2) 제3차 영미합동조약 초안 「Draft Japanese Peace Treaty」(1951. 7. 3)의 한국조항 및 관련 조항

한국정부는 제3차 영미합동초안으로 불리는 1951년 7월 3일자 조약초안을 수령했다. 조약 초안은 7월 12일 워싱턴에서 발표되었으며, 7월 14일을 전후해 한국언론에 보도되었다. 7월 3일자 조약 초안은 관련국들에 송부된 최초의 영미합동조약 초안(a joint U.S.–U.K. draft)이었다. 7월 9일 합동조약 초안과 부속서류들이 대일교전국들에 송부되었는데, 중국, 이탈리아, 베트남·라오스·캄보디아 등 3개 협력국(Associated States)에는 송부되지 않았다.[13] 7월 3일자 조약 초안은 7월 12일 언론에 공표되었으며, 이는 최초로 언론에 보도된 대일평화조약 초안이었다.

7월 3일자 조약 초안의 영문 제목은 「Draft Japanese Peace Treaty」으로 한국에 대해서는 제2장 영토 제2조 (a)항에서 다루고 있는데, "일본은 한국의

---

12 "Provisional Draft of a Japanese Peace Treaty (Suggestive only)," (1951. 3. 23), United States Department of State, *Foreign Relations of the United States, 1951. Asia and the Pacific*, (in two parts): Volume VI, Part 1 (1951) p.948.

13 "Summary of Negotiations Leading Up To the Conclusion of the Treaty of Peace With Japan," by Robert A. Fearey(1951. 9. 18), p. 13, RG 59, Office of Northeast Asia Affairs, Records Relating to the Treaty of Peace with Japan-Subject File, 1945-51, Lot 56D527, Box 1.

독립을 승인하며, 제주도, 거문도, 울릉도를 포함하는 한국에 대한 모든 권리, 권원, 청구권을 포기한다"라고 명시했다.[14]

이 조약 초안은 7월 9일 양유찬 주미한국대사에게 전달되었는데, 한국 정부는 이 조약 초안 제4조 (a)항에 경악했다.[15] 한국측 해석으로는 재한일본인 재산청구권과 재일한국인 재산청구권을 양국 정부의 특별협정에 의해 처리한다는 뜻이었다. 이미 한국정부로 이관된 미군정의 적산을 다시 일본정부와 그 처분을 협의·결정한다는 것이므로 한국으로서는 받아들일 수 없는 조건이었다.

한국언론들은 이를 대일강화조약초안(미·영공동초안)으로 불렀다. 외무부 정무국은 이 초안을 번역해 외교위원회를 비롯한 국제법 전문가들에게 송부했다. 이 번역본은 『對日講和條約第二草案』이라는 소책자로 남아있다.[16] 이 번역본(대일강화조약 제2초안)은 현재 한국 내에서 유일하게 확인되는 대일평화조약 번역본이다.

한국 및 영토조항과 관련한 이 조약 초안의 특징과 중요성은 다음과 같다.

(1) 양유찬 - 덜레스 회담(1951. 7. 9)에서 한국의 회담 참가 및 조약 서명국 자격이 부정되었다.

(2) 한국이 주장한 대마도 반환 요구가 기각되었다.

(3) 귀속재산·청구권 문제에서 중대한 문제가 발생했다. 재한 일본·일본인의 청구권 문제를 일본과 한국의 특별협정으로 처리한다고 규정했기 때문이다.

---

14 "Draft Treaty of Peace with Japan," (1951. 7. 20), RG 59, Office of Northeast Asia Affairs, Records Relating to the Treaty of Peace with Japan-Subject File, 1945-51, Lot 56D527, Box 6. Folder, "Treaty-Draft-July 3-20, 1951"

15 유진오, 「對日講和條約案의 檢討」 全7回, 『동아일보』 (1951. 7. 25, 7. 27~31).

16 外務部 政務局飜譯, 『對日講和條約第二草案』 서울대 도서관 雪松文庫 소장.

(4) 맥아더라인에 대한 한국정부의 요구가 기각되었고, 일본과 어업협정이 대안으로 제시되었다.

(5) 한국조항은 몇 개의 도서명이 들어가고, 다른 지역과 분리되어 설명되었다. 제2조 a항에 "일본은 한국의 독립을 승인하며, 제주도·거문도 및 울릉도를 포함하는 한국에 대한 모든 권리·권원 및 청구권을 포기한다"고 규정했다.

3) 대일평화조약 최종 초안(1951. 8. 13)

대일평화조약 최종 초안은 1951년 8월 13일자로 완성되었고, 이 서명용 최종 조약문이 8월 14일 50개국에 송부되었다.[17] 또한 8월 23일 베트남·라오스·캄보디아 등 3개 협력국에도 초청장이 송부되었다.

한국 관련 조항은 1951년 7월 제3차 영미합동초안과 동일했다. 제2장 제2조 (a)항에 "일본은 한국의 독립을 승인하며, 제주도, 거문도, 울릉도를 포함하는 한국에 대한 모든 권리, 권원, 청구권을 포기한다"라고 명시되었다. 이는 샌프란시스코평화회담에서 정식으로 조약이 체결될 때까지 동일한 상태가 유지되었다. 미국무부는 8월 15일 대일평화조약 최종 초안을 워싱턴 주미한국대사관에 전달했고, 부산 주한미대사관에는 항공파우치로 송부했다.[18] 이는 한국이 수령한 최종 조약초안이었으나, 의견진술의 기회는 없는 통보용이었다.

---

17 Memorandum of Department of State(1951. 8. 14), RG 59, Office of Northeast Asia Affairs, Records Relating to the Treaty of Peace with Japan-Subject File, 1945-51, Lot 56D527, Box 6. Folder, "Treaty-Draft-July 20-August 12, 1951".

18 Outgoing Telegram from U. Alexis Johnson to Amembassy, Pusan, August 15, 1951. RG 59, Department of State, Decimal File, 694,001/8-1551.

4) 한국조항 및 관련 조항의 정리

〈표 1〉한국정부가 수령한 대일평화조약 초안과 한국관련 조항

조약초안 한국조항· 관련조항	대일평화조약 임시초안(제안용) (1951. 3)	제3차 영미합동조약 초안 (1951. 7. 3)	대일평화조약 최종초안 (1951. 8. 13)
조약문 한국 송부 여부	송부	송부	송부
회담 참가, 조약서명국 지위	승인	부정	부정
한국조항	제3장(영토) 제3조 : 일본은 한국, 대만 및 팽호도에 대한 모든 권리·권원·청구권을 포기한다.	제2장(영토) 제2조 (a) : 일본은 한국의 독립을 승인하며, 제주도·거문도 및 울릉도를 포함하는 한국에 대한 모든 권리·권원 및 청구권을 포기한다.	제2장(영토) 제2조 (a) : 일본은 한국의 독립을 승인하며, 제주도, 거문도, 울릉도를 포함하는 한국에 대한 모든 권리, 권원, 청구권을 포기한다.
독도	미포함	미포함	미포함
맥아더라인	미포함	미포함	미포함
귀속재산· 청구권	제14조 : 일본은 모든 연합국이 1941년 12월 7일부터 1945년 9월 2일 사이에 그들 영토 내에서 혹은 일본이 방기한 영토 내에서 일본과 일본 국민의 모든 재산, 권리, 이익을 귀속(vest), 보유(retain), 처분(dispose)할 권한을 승인한다. 제15조 : 일본은 본 조약의 발효 후 최초 6개월 이내에 요청에 따라 모든 연합국과 그 국민들의 일본 내 재산, 유형 및 무형,	제4조 (a) : 제2조와 제3조에 언급된 지역에 있는 일본인과 일본인의 재산 및 상기 지역을 현재 관리하는 당국과 그 주민(법인을 포함)에 대한 일본과 일본인의 청구권(채무관계를 포함)의 처리, 그리고 상기 당국과 주민의 재산 및 일본과 일본인에 대한 청구권(채무관계를 포함)의 일본에 있어서의 처리는 일본과 상기 당국간의 특별한 협정에 의하여 결정한다.	제4조 (a) : 본조 (b) 조문에 따라, 제2조에 언급된 지역 내 일본·일본 국민 재산의 처분 및 현재 그 지역·주민(법인을 포함)을 통치하는 당국을 상대로 한 채무를 포함한 그들의 청구권과 해당 당국·주민의 일본 내 재산의 처분 및 일본·그 국민을 상대로 한 해당 당국·주민들의 채무를 포함한 청구권은 일본과 해당 당국 간 특별협정의 대상이 된다. 제2조에 언급된 지역의 모든 연합국 혹은 그 국민의 재산은, 아직까지 조치가 취해지지 않았

조약초안 / 한국조항 관련조항	대일평화조약 임시초안(제안용) (1951. 3)	제3차 영미합동조약 초안 (1951. 7. 3)	대일평화조약 최종초안 (1951. 8. 13)
	모든 종류의 재산 및 이해를 반환한다.		다면, 현재 존재하는 상태 그대로 행정당국에 의해 반환되어야 할 것이다. 제4조 (b) : 일본은 제2조·제3조에 언급된 모든 지역의 미군정의 지령에 따른 일본·일본국민 재산처분의 유효성을 승인한다. 제21조 : 본 조약 제25조의 규정에도 불구하고, (중략) 한국은 본 조약의 제2조, 제9조 및 제12조의 이익을 향유할 권리가 있다.

출처: 정병준, 2019: 43 수정

3. 한국조항의 중요 쟁점에 대한 한국 정부의 입장

한국에서는 이미 1947년부터 대일평화조약의 체결과 이에 대한 한국의 대처가 중요하게 부각되었다. 남조선과도입법의원에서 한국의 대일평화조약 참가에 관한 결의안을 채택하고, 결의안을 미 국무부에 송부한 바 있다. 한국정부 수립 이후에도 대일평화조약에 관한 준비와 관심이 지속되었다. 이는 크게 4가지 점에 집중되었다.

첫째 대일배상 문제였다. 정부 수립 이전 미군정 예하의 남조선 과도정부는 1947년 8월 '대일배상요구조건조사위원회(對日賠償要求條件調査委員會)'를 조직한 후 본격적인 조사작업에 착수했다. 이에 따라 1948년 4월말 현재 410억

9,250만 7,868엔의 대일배상액이 결정되었다. 정부 수립 이후 재무부는 '대일배상요구 자료조서'(1948. 10. 9)를 발표했고, 국회는 '대일강제노무자 미제임금 이행요구에 관한 청원'·'대일청장년사망배상금 요구에 관한 청원'(1948. 11. 27)을 채택했다. 기획처에서는 기획처장 이순탁(李順鐸)과 법제처장 유진오(俞鎭午)를 필두로 '대일배상청구위원회'(1949. 2)를 조직했다.[19] 기획처는 1949년 3월 15일 '대일배상요구조서' 제1권을 완성해, 4월 7일 연합국최고사령부에 제출했다. 이는 1949년 3월 1일 현재 한국정부가 반환을 요구할 현물 피해(地金, 地銀, 서적, 미술품 및 골동품, 선박, 지도원판, 기타) 목록이었다.[20] 한국정부는 국제법상의 전쟁배상을 염두에 두고 있었다. 제2권은 1949년 9월 완성되었는데, 총액 314억 97만 5,303엔, 400만 상해달러의 일반배상액을 대일배상요구액으로 결정하였다. 연합국최고사령부는 한국의 대일배상요구를 거부했다.

둘째 한국의 연합국 지위 부여 및 조약서명국 참가자격 문제였다. 1947년 8월 27일 과도입법의원 의장 김규식은 미국무부에 한국의 조약참가를 요청했고, 미국무부는 최선을 다하겠다는 답변을 보냈다.[21] 그렇지만 1947년의 시점에서 한국의 대일평화조약 참가에 관한 미국의 정책은 결정되지 않은 상태였다.

셋째 영토문제였다. 한국정부 수립 직전인 1948년 8월 5일 조성환을 총재로 하는 우국노인회(Patriotic Old Men's Association)라는 단체가 독섬(독도), 울릉도, 대마도, 파랑도가 한국령이므로 한국영토로 귀속되어야 한다는 청원서를

---

19 박진희, 2008 『한일회담: 제1공화국의 對日政策과 韓日會談 전개과정』 선인 47~59쪽.

20 俞鎭吾, 1966 「韓日會談이 열리기까지: 前韓國首席代表가 밝히는 十四年前의 곡절」 上 『思想界』 2월호 93쪽.

21 Working Group on Japan Treaty (September 3, 1947), RG 59, Records Relating to the Treaty of Peace with Japan-Subject File, 1945-51, Lot 56D527, Box 5.

주일미정치고문 시볼드 앞으로 송부했다.[22] 우국노인회의 청원은 독도문제가 발생하기 전에 한국측이 자신의 영유권을 명백히 주장한 최초의 사례였다. 우국노인회의 청원서는 최남선의 조언에 따라 작성된 것으로 독도·대마도·파랑도를 하나의 세트로 인식하는 최초의 사례이기도 했다. 정부 수립 이후 관심의 대상이 된 것은 대마도의 귀속문제였다.

이승만대통령의 발언을 통해 대마도의 귀속문제가 본격화되었고, 대마도의 귀속문제는 대일평화조약 초안에 대한 한국정부 의견서에 포함되었다. 이승만대통령은 정부 수립 직후 대마도에 대한 한국 영유권을 주장했고, 이는 곧 언론의 반향을 얻었다. 이후 공보처장의 대마도 영유권 주장(1948. 9. 9), 이승만대통령의 기자회견(1949. 1. 7), 이문원 등 국회의원 10여명의 대마도문제의 대일평화회의 제출 제안(1949. 2. 19) 등이 이어졌다. 이승만과 한국정부가 대마도 귀속을 주장한 것은 정치적 목적에서 비롯된 것으로, 대일평화조약에 대한 대응책의 일환이었으며, 한일 양국의 현안문제 타결을 위한 주도권 선점의 차원에서 주장된 것이었다.[23]

넷째는 맥아더라인의 유지문제였다. 맥아더라인은 한국 수산업의 생존과 발전을 위해 필요한 최소한의 방어조치라는 것이 한국정부, 상공업계, 수산업계의 입장이었다. 기존 연구에 따르면 맥아더라인은 모두 3차례에 걸쳐 확장

---

22 U.S Political Adviser for Japan no.612 (1948. 9. 16). Subject: Korean Petition Concerning Sovereignty of "Docksum", Ullungo Do, Tsuhima, and "Parang" Islands. RG 84, Entry 2828, Japan: Office of U.S. Political Advisor for Japan(Tolkyo), Classified General Correspondence (1945-49, 1950-), Box 34. (1948: 800-810,8)

23 박진희, 2005「戰後 韓日관계와 샌프란시스코 平和條約」『한국사연구』131호 28쪽.

되었고, 확장의 주된 이유는 식량부족의 타개였다.[24]

이상이 미국의 「대일평화조약 임시초안(제안용)」(1951. 3.)을 접수하기 전 한국 정부가 대일평화조약과 관련해 취한 조치였다.

4. 한국조항의 중요 쟁점에 대한 미국 정부의 입장

한국 정부가 설정한 대일평화조약의 주요 관심사에 대한 미국의 입장은 다음과 같다.

첫째 한국의 대일평화조약 참가문제에 대해 미국무부가 본격적으로 내부 검토를 시작한 것은 1949년부터였다. 미국무부 정보조사국 산하 극동조사처 (Division of Research for Far East: DRF)는 1949년 한국의 참가문제에 대한 보고서를 작성하였다.[25] 이에 따르면 한국이 일본과 교전상태였다고 제출한 증거들은 신빙성이 없지만, 일본 식민통치를 장기간 받았다는 점에서 특수한 이해관계를 갖고 있다고 하였다. 극동조사처는 한국의 참가문제의 장단점에 대해 다각도로 검토했다. 만약 한국을 참가시킬 경우에는 첫째, 한국이 과도한 배상을 요구함으로써 '징벌조약'을 조장할 것이며, 재일한국인의 지위에 대한 특수한 보장도 요구할 것이다. 둘째, 한국의 참가는 북한의 참가요구로 이어질 것

---

24 외무부 정무국, 1954 『평화선의 이론』 48~49쪽; 지철근, 1979 『평화선』 범우사; 지철근, 1989 『한일어업분쟁사』 한국수산신문사.

25 DRF Report(1949.12.12) RG 59, Japanese Peace Treaty Files of John Foster Dulles, 1946~52, Lot 54D423, Box 7.

이며, 셋째 북한은 이승만 정부를 친일정부로 비난할 것으로 예측하였다. 반면 한국을 참가시키지 않았을 경우에는 한국정부와 국민들의 강력한 비난에 직면하게 될 것으로 예상했다. 이런 가정 하에 극동조사처는 한국의 주장을 일부 제출하도록 허용하거나, 협의대상 수준의 참가를 보장하는 방법 등을 강구해야 한다고 권고했다.

1951년 4월 미국무부가 한국정부에게 「대일평화조약 임시초안(제안용)」(1951. 3)을 수교한 가장 큰 이유도 한국의 조약 참가를 전제로 했기 때문이다. 미국은 이 초안을 주요 연합국 14개 나라와 일본에 전달(1951. 3. 27)했으며, 극히 이례적으로 한국에도 이 초안을 전달했다. 일본점령에 관계한 극동위원회(FEC) 회원국가는 미국을 포함해 13개 국가였는데, 극동위원회 국가가 아닌 국가로 1951년 3월 임시초안을 전달받은 것은 인도네시아, 실론, 한국 세 나라 뿐이었다.[26] 즉 미국은 1951년 4월 한국을 대일평화회담 회담 및 서명 국가로 판단하고 있었던 것이다.

이미 1951년 3월 영국을 방문한 덜레스 사절단의 2인자 앨리슨(John Moor Allison)은 영국외무성의 스콧(Scott) 차관 등과 회담에서 이들이 한국에 조약 초안 송부를 반대하자, 한국에 조약초안 사본을 송부하는 것은 정치적 이유 때문이라고 반박했다.[27] 즉 한국은 반공의 최전선으로서 조약에 참가할 대상국가로 설정되어 있었던 것이다. 또한 한국정부의 제1차 답신서(1951. 4. 27)를 검토

---

26 Department of State(Allison) to POLAD Japan(Sebald) (1951. 3. 23), RG 59, Department of State, Decimal File, 694.001/3-2351.

27 David K. Marvin, Amembassy, London to the Secretary of State, Subject: Japanese4 Peace Treaty (1951. 3. 28), RG 59, Department of State, Decimal File, 694.001/3-2851.

하면서, 미국무부는 재차 이런 입장을 재확인했다.[28] 한국정부가 일본 내 한국 재산의 회복과 관련해 연합국과 동일한 권리를 가져야 한다고 요구하자, 논평자는 "연합국"에는 한국이 포함될 계획이었기 때문에 한국의 요구는 "단순한 오해의 산물"이라고 평가한 것이다. 즉 1951년 3월 임시초안이 한국에 수교된 것은 우연의 소산이 아니라 한국을 "연합국"의 범위에 포함시키며 대일평화조약의 참가 및 서명국가로 설정하고 있었기 때문이었다.

둘째 한국정부가 요구한 대마도 문제였다. 한국정부의 입장은 이미 1948년 과도입법의원의 주장과 우국노인회의 주장을 계승한 것으로 기본적으로 정치적이며 대일징벌적 성격의 것이었다. 1950년 초 미국무부 정보조사국(Office of Intelligence Research: OIR)은 이 문제를 본격적으로 검토했다.[29] 정보조사국은 한국의 대마도 귀속 주장은 민족주의와 반일감정의 반영이자 계산된 어필로, 연합국으로부터 작은 양보라도 얻어내기 위한 시도로 나타난 것이라고 결론지었다. 또한 주한미대사관도 한국정부가 대마도의 문제를 입증하는게 불가능하다는 것을 깨닫고 있으며, 더 이상 주장하지 않을 것이라고 분석했다.[30] 한국은 1951년 대일평화조약 초안에 대한 의견서 제출 시 대마도 귀속을 요구하였다. 전반적으로 한국의 대마도 반환요구는 정치적 성격이 강한 것이었지만 국제사회에서 쉽게 수긍할 수 없는 범위의 주장이었고, 영토문제는 물론 대일평화조약에 대한 한국정부의 전반적 대응이 합리적·이성적이지 않다는 우려를 줄

---

28 "Comments on Korean Note Regarding U.S. Treaty Draft" (1951. 5. 9) RG 59, Japanese Peace Treaty Files of John Foster Dulles, 1946~52, Lot 54D423, Box 8.

29 OIR Report No. 4900, "Korea's recent claim to the Island of Tsushima," (1950. 3. 30), RG 59, Japanese Peace Treaty, Lot 543D423, Box 8.

30 OIR Report No. 4900, "Korea's recent claim to the Island of Tsushima," (1950. 3. 30)

수 있는 것이었다. 대마도를 제외하고 독도, 파랑도 등의 다른 도서 문제는 아직 본격적으로 제기되거나 검토되고 있지 못했다.

셋째 대일배상문제와 관련해 이미 1949년 한국 정부의 요구에 대해 맥아더 사령부는 수용 불가의 입장을 취했다. 배상(reparation)이란 승전국이 패전국에게 요구하는 권리인데, 한국은 제2차 세계대전 중 일본 제국의 식민지로 일본의 일부였으며, 일본과 교전상태에 놓이거나 대서양헌장에 서명한 국가가 아니라는 것이 당시 미국을 비롯한 연합국의 일반적인 입장이었다. 한국정부는 대한민국임시정부가 대일선전포고 및 대독선전포고를 했고, 광복군이 대일군사작전에 참가했다는 입장을 견지했지만, 미국은 전시 기간 중 임시정부를 승인한 적이 없다는 입장을 취했다. 따라서 식민지에서 해방된 국가인 한국이 식민모국을 대상으로 전승자의 입장을 취해 배상을 요구할 수 없다는 것이 미국 정부의 기본적인 방침이었다.

넷째 맥아더라인에 대한 문제는 기본적으로 당사국 간의 어업협정으로 해결할 문제라는 것이 미국의 입장이었다. 캐나다, 호주 등도 일본 어선의 영해 침범 및 인근 어장 남획과 관련된 다양한 이해관계를 제기했는데, 미국은 이것은 양자 어업협정의 대상이지 평화협정의 일반적 검토범위가 아니라는 입장을 견지했다.

1. 한미협상의 전개과정

1) 미국의 대일평화조약 초안(1951. 3) 수교와 한국정부의 초기 대응

미국이 작성한 최초의 대일평화조약 공식 초안인 「대일평화조약임시초안
(제안용)」은 언제 한국정부에 수교된 것인가? 주미한국대사관 1등 서기관이던
한표욱의 회고에 따르면 1951년 3월 27일 '제1차 초안'의 내용이 주미한국대
사관을 통해 한국정부에 통보되었다.[31] 그런데 이 초안을 둘러싼 한국정부의
대응에 대해 여러 가지 주장과 가설이 있었다.

첫째 한국정부가 받은 미국무부의 대일평화조약초안은 주한미대사관에서
외무부를 거치지 않고 대통령에게 직보된 상태에서, 모 비서관이 책상에서 2
주일 가량 아무런 조치도 없이 방치되었다.[32] 둘째 한국정부의 답신은 5월 9일
로, 일본의 답신이 4월 4일이었던데 비해 한 달 이상 지체된 것으로 외교의 지
연이자 임무의 방기였다.[33] 셋째 이승만대통령은 처음에 귀속재산 처리와 관

---

31 한표욱, 1996 『이승만과 한미외교』 중앙일보사(1984 『한미외교요람기』의 개정판) 260쪽.

32 兪鎭午, 1966 「韓日會談이 열리기까지: 前韓國首席代表가 밝히는 十四年前의 곡절」 上 『思想界』 2월호 93~94쪽; 洪璉基, 1962 「나의 獄中記」 『新思潮』 2월호(창간호) 190쪽.

런한 수정조항을 대일평화조약에 요구하자는 외교위원회의 제안에 부정적인 입장을 보이다가 무초대사 등의 권유로 마음을 바꾸었다.[34] 넷째 한국정부는 대일평화조약초안에 대해 회답하지 않았다.[35]

관련 당사자들의 회고에 근거한 이러한 주장과 가설들은 지금까지 사실로 수용되었고, 이는 1951년 샌프란시스코평화회담과 평화조약 체결과정에서 한국 외교가 실패했다는 주장의 근거로 활용되었다.

그러나 이는 사실과 현저히 다른 주장 및 가설들이다. 첫째와 넷째 주장, 즉 대일평화조약 초안이 경무대 비서관 책상에서 수주 간 방치되었다거나, 한국 정부의 대일평화조약 회신이 없었다는 주장은 사실과 다르다. 유진오와 홍진기는 외무부의 공식 루트가 아니라 일본 신문에 보도된 대일평화조약 초안을 보고서 대책을 마련하기 시작했다고 주장했다.

대일평화조약 초안은 3월 27일 맥아더에게 전달되었고, 주일미정치고문 시볼드(William B. Seblad)를 통해 요시다 시게루(吉田茂) 일본수상에게 전달되었다.[36] 이 초안은 1951년 4월 7일자 『아사히신문(朝日新聞)』 등에 보도되었다. 유진오는 의견서 작성에 착수한 뒤 장면 총리로부터 2주전에 대통령 앞으로 온 조약초안을 어떤 비서가 서랍 속에 "여태 처넣어 두었"던 것을 발견했다는

---

33 김태기, 1999 「1950년대초 미국의 대한 외교정책: 대일평화조약에서의 한국의 배제 및 제1차 한일회담에 대한 미국의 정치적 입장을 중심으로」 한국정치학회 『한국정치학회보』 제33집 제1호(봄호) 362~363쪽.

34 유진오, 1966 위의 글 96쪽; 홍진기, 1962 위의 글 191쪽.

35 FRUS, 1951, vol.6, p.1183(이원덕, 1996 『한일과거사 처리의 원점』 서울대학교 출판부 34쪽 주46에서 재인용-); 한표욱, 1996 위의 책 260쪽.

36 William J. Sebald with Russell Brines, With MacArthur in Japan: A Personal History of the Occupation, W. W. Norton & Company, Inc. New York, 1965, p.265.

통보를 받았다고 했다.[37] 주미대사관 한표욱 서기관도 1951년 3월 27일 미국 측 초안을 본국정부에 송부한 후 4개월 동안 아무런 훈령을 받지 못했다고 주장했다.[38] 미국 외교문서(FRUS) 편집자 역시 한국측 의견서가 발견되지 않았다고 기록했다. 그렇지만 이는 사실과 거리가 있다.

한국정부의 대응은 기민하고 신속한 것이었다. 이승만서한철에 따르면 대일평화조약 초안은 주미한국대사관 김세선참사관의 1951년 3월 27일, 4월 2일, 4월 3일자 편지 및 첨부물에 동봉되어 이승만대통령에게 전달되었다. 이승만대통령은 김세선에게 보내는 답장(1951. 4. 10)에서 대일평화조약 초안의 수령 사실을 알리고 있다.[39] 또한 같은 편지에서 대통령은 워싱턴측으로부터 조약초안을 받기 전에 이미 사적 경로(a private source)를 통해 조약초안 사본을 얻었으며, 국무총리 및 내각과 이 문제를 논의한 후 결과를 통보하겠다고 밝혔다.[40] 나아가 이승만대통령은 김세선에게 보내는 동일자 다른 편지에서 조약 초안을 검토중이며, 국무총리에게 덜레스에게 보내는 편지작성을 지시했다고 밝히고 있다.[41] 대통령의 지시에 따라 장면총리는 4월 10일 덜레스에게 편지를 보내, 한국정부가 조약초안을 불과 며칠 전 입수했으며, 주의깊은 연구 및 고찰 중이라고 밝혔다. 장면총리는 조약 초안이 "매우 중립적"이며, 조약의 결

---

37 유진오, 1966 위의 글 96쪽.

38 한표욱, 1996 위의 책 260쪽.

39 Letter by President to Sae Sun Kim, April 10, 1951. 국사편찬위원회, 1996 『대한민국사자료집 30: 이승만관계서한자료집3(1951)』 176~177쪽.

40 Letter by President to Sae Sun Kim, April 10, 1951. 국사편찬위원회, 1996 『대한민국사자료집 30: 이승만관계서한자료집3(1951)』 177쪽.

41 Letter by President to Sae Sun Kim, April 10, 1951. 국사편찬위원회, 1996 『대한민국사자료집 30: 이승만관계서한자료집3(1951)』 179~180쪽.

과 한국정부가 영향을 받게 될 것이라는 점을 지목했다. 특히 한국의 어업권을 가장 중요 관심사로 특정하며, 일본이 한국의 어업구역을 침범하고 있기 때문에 현재의 "맥아더라인"을 대일평화조약 조문 속에 넣어야 한다고 주장했다.[42]

이상을 정리하면 대일평화조약 초안은 공식 외교라인을 통해서는 3월 27일 주미대사관에 전달된 후 4월 3일 이후 외교행낭을 통해 서울로 전달되었고, 비공식 사적 라인을 통해서 그 이전에 입수된 상태였다. 대통령은 4월 10일 이전에 이에 대한 대처를 지시했으며, 장면총리는 조약초안 수령과 대처문제를 덜레스에게 알리는 편지(1951. 4. 10)를 썼다.

대일평화조약에 대처하기 위해 1951년 4월 16일 외무부 안에 '외교위원회'를 구성해 한국정부의 의견서를 준비하기 시작했다. 그런데 이 논의를 주도한 것은 장면총리, 김준연법무장관, 유진오 고려대 총장, 홍진기 법무부 법무국장 등이었다. 당시 한국 외교라인은 교체 중이었다. 외무장관 임병직은 미국에 체류 중이었으며, 신임 외무부장관 변영태는 4월 17일에야 임명되었다. 변영태 신임장관은 1950년 10월 도미 이후 해외에 체류하다가 1951년 4월 14일에야 귀국했다.

워싱턴의 주미한국대사관도 3개월 이상 대사가 공석 중이었다. 초대 주미대사 장면은 1950년 11월 23일 총리로 인준된 이후 1951년 1월 28일 부산에 도착했다. 후임 주미대사는 하와이의 양유찬이 내정되었는데, 1951년 3월 15일경 귀국해서 주미대사 내정을 통보받았고, 5월 5일 부산 수영비행장을 출발했다. 대사가 부재한 동안 주미대사관은 제2인자인 김세선 참사관, 한표욱 1등

---

42   Letter by John Myun Chang to John Foster Dulles, April 10, 1951, 국사편찬위원회, 1996 『대한민국사자료집 30: 이승만관계서한자료집3(1951)』 183쪽.

〈표 2〉 외무부 외교위원회의 구성

위원 \\ 명칭	張勉 국무총리	卞榮泰 외무장관	趙炳玉 내무장관	金俊淵 법무장관	洪璡基 법무국장	林松本 殖銀총재	兪鎭午 고대총장	裵廷鉉 변호사	李建鎬 고대교수	朴在腾 고대교수	崔斗善 동아일보사장	洪性夏 금융통화위원
① 외교위원회				○	●		○	○	●	●	○	
② 외교위원회				○	●		○	○	●		○	
③ 위원회	○		○	○	○		○					○
④ 위원회	○	○			●							○
⑤ 대일강화회의 준비위원회 = 외교위원회	○		○	○	○		○	○	○	○	○	

[비고] ○ 표는 위원, ● 표는 간사
[출전] ① 兪鎭午, 1963 「對日講和條約 草案의 檢討」『民主政治에의 길』一潮閣 272쪽; 兪鎭午, 1966 「韓日會談이 열리기까지: 前韓國首席代表가 밝히는 十四年前의 곡절」上『思想界』2월호 96쪽.
　② 東亞日報社編, 1975 『秘話 第一共和國』5권 弘字出版社 217쪽.
　③ 洪璡基, 1962 「나의 獄中記」『新思潮』2월호 191쪽.
　④ 金俊淵, 1966 「對日講和條約草案의 修正」『나의 길』동아출판사 37쪽.
　⑤ 兪鎭午, 「남기고 싶은 이야기들: 韓日會談(7) 政府意見書 작성」『中央日報』1983. 9. 5.

서기관에 의해 운영되고 있었다. 긴급한 외교현안은 전 외무장관으로 4월 17일 유엔특사에 임명된 임병직이 대행했다. 임병직특사는 주미한국대사를 대리해 본국에서 보내온 한국정부의 답신서를 덜레스 앞으로 송부하는 역할을 맡았다.

이처럼 주미대사로 대일평화조약의 진척 과정을 숙지하고 있던 장면총리가 행정부의 핵심역할을 담당하게 되었고, 신임 외무장관은 업무파악을 개시한 상태였기에 논의는 외무부가 아닌 법무부와 법률전문가들이 주도하게 되었다. 외부에서는 과도정부 시절이래 대일배상문제를 다뤘던 유진오가 중추적 역할을 수행하게 되었다.

그런데 외교위원회의 활동과 한국정부 의견서 작성과정을 보여주는 외교문서는 아직 확인되지 않고 있으며, 외교위원회의 구성과 역할에 대해서는 관련자의 회고에 차이가 있다.

외교위원회라는 직제는 외무부령 제1호(1949. 1. 7) 공포된 '외교위원회 직제'에 따라 이미 조직되어 있던 외무부 자문기구이다.『관보』28호(1949. 1. 7)에 고시된 외교위원회의 직제는 다음과 같았다.

외교위원회 직제

제1조   외교위원회는 외무부에 속하여 외무부장관의 자문에 응하여 외교에 관한 최고정책을 심의한다.

제2조   외교위원회는 외교최고정책에 관하여 외무부장관에게 건의할 수 있다.

제3조   외교위원회는 위원장 1인과 위원 10인 이내로써 조직한다.

제4조   위원장은 외무부장관으로 한다. 위원은 외교 또는 국제경제에 관한 학식 또는 경험을 가진 자 중에서 대통령의 승인을 얻어 외무부장관이 임명한다.

제5조   위원장은 회무를 통리한다.

위원장이 사고가 있을 때에는 위원장이 지정하는 위원이 그 직무를 대행한다.

제6조   외교위원회에 간사장 1인 간사 약간인과 서기 약간인을 둔다.

간사장은 외무부 정무국장으로 하며 위원장의 명을 승(承)하여 서무를 담당한다.

간사는 위원장이 이를 임명하며 상사의 명을 승하여 서무를 분장한다.

서기는 위원장이 외무부 공무원 중에서 이를 임명하며 상사의 명을 승하여 서무에 종사한다.

부칙

본령은 공포한 날로부터 시행한다.[43]

외무부령에 따르면 외교위원회는 외무부장관의 자문기관으로 10인 이내의 위원으로 구성되며, 위원장 1인, 위원 10인 이내로 외교에 관한 최고정책을 심의하는 기관이었다. 간사장은 외무부 정무국장, 간사 및 서기가 실무를 담당한 것으로 되어 있다.

언론보도와 관련자들의 진술을 종합하면 1951년 4월 16일에 외무부 산하에 외교위원회(대일강화회의 준비위원회)가 구성되었고, 7~9명의 위원이 임명되었다. 장면 국무총리, 변영태 외무부장관, 김준연 법무장관, 유진오 고려대총장, 배정현 변호사, 홍진기 법무부 법무국장 등이 핵심인물로, 대부분 법조계 전문가로 구성되어 있었음을 알 수 있다.

다음으로 한국정부의 의견서가 제시된 날짜가 1951년 5월 7일이었는데, 이는 일본정부의 답신이 제시된 1951년 4월 4일보다 한 달 이상 지체된 것으로, 대일평화조약 대처에서 중요한 시점을 놓친 것이라는 주장이 있다.[44] 이러한 주장은 각국의 대응과 대일평화조약의 진행상황을 살펴보면 수긍하기 어려운

---

43 「외무부령 제1호: 외교위원회 직제」『관보』 28호(1949. 1. 7)
44 김태기, 1999 「1950년대초 미국의 대한 외교정책: 대일평화조약에서의 한국의 배제 및 제1차 한일회담에 대한 미국의 정치적 입장을 중심으로」 한국정치학회 『한국정치학회보』 제33집 제1호(봄호) 362~363쪽.

것이다. 관련 당사국의 답신 가운데 소련의 답신이 5월 7일이었고, 호주·뉴질랜드 등 주요 연합국들의 답신 역시 5월 초순경에야 미국무부에 도착했다. 따라서 한국정부의 답신이 다른 나라에 비해 늦게 제출된 것은 아니었다. 한국정부는 일본을 제외한 조약초안 수령국의 답신과 비슷한 시점에 답신서를 제출했다. 일본은 한국전쟁 발발이후 미국무부와 완벽하게 밀착·협의해서 대일평화조약의 조문내용을 조율하고 있었고, 이미 1947년 이래 평화조약과 관련된 자국의 입장을 확정한 상태였다. 일본은 미국의 대일평화조약 추진의 이유와 방식을 정확히 숙지했으며, 미국의 조약초안을 접수한 직후 준비된 내용·쟁점을 정리해 미국에 즉각 전달한 것이다. 반면 한국은 대일평화조약 논의의 구조적 맥락에서 배제되어 있었으며, 당시 한국외교의 최우선적 핵심은 공산군의 침략에 대항해 한국의 생존을 보장하기 위한 전시·안보외교였다. 당시 한국외교의 우선순위, 보유한 외교적 자원·역량·경험을 고려할 때 한국정부가 조약초안을 접수한(1951. 4. 10이전) 후 이에 대한 답신서를 작성(1951. 4. 27)해 미국무부에 전달(1951. 5. 7)한 것은 주어진 조건 속에 최선을 다한 것이었으며, 관련당사국의 답신에 비추어볼 때 뒤늦은 것이 아니었다. 문제는 답신서의 신속성 여부가 아니라 답신서 내용의 정합성·합리성에 있었다.

마지막으로 미국의 1951년 3월 임시초안(제안용)에 대한 한국측 회답이 발견되지 않는다고 한 미국 외교문서(FRUS)의 기술이나,[45] 조약초안 송부후 4개

---

[45] Memorandum of Conversation, by the Officer in Charge of Korean Affairs in the Office of Northeast Asian Affairs (Emmons), Subject: Japanese Peace Treaty, July 9, 1951, United States Department of State, *Foreign relations of the United States (FRUS), 1951. Asia and the Pacific*, 1951, Volume VI, Part 1, p.1183. footnote 2. *FRUS* 편집자는 1951년 5월 9일 Fearey 가 작성한 "Comments on Korean Note Regarding U.S. Treaty Draft"를 언급하면서 이 문서에

샌프란시스코평화조약의 한반도관련 조항과 한국정부의 대응

월 동안 한국정부의 훈령을 받지 못했다는 한표욱의 주장의 진위를 살펴보자. 한국정부의 답신서는 미국무부 문서철과 이승만서한철에서 발굴되었다.[46] 먼저 미국무부 십진분류문서철 694.001시리즈에 한국정부 답신서가 포함되어 있는데, 주미한국대사관의 김세선은 1951년 5월 7일 딘 애치슨 국무장관에게 대일평화조약임시초안에 대한 한국정부의 공식 논평 및 제안서(1951. 4. 27)를 송부했다.[47] 한편 한국측 기록으로 이승만서한철에 2종의 답신서가 실려있는데, 첫째는 임병직 주유엔특사가 1951년 4월 26일자로 덜레스특사에게 보내는 편지이고,[48] 둘째는 작성자 미상의 「초고: 논평 및 제안용(Rough Draft—For Comment and Suggestion)」이라는 제목의 문서이다. 두 문서는 동일한 내용이다.[49] 즉 한국정부의 답신서는 미국측 기록, 한국측 기록에서 모두 확인되는 것이다. 한국정부의 공식 논평 및 제안서는 1951년 4월 27일자로 기록되어 있는데, 동일한 내용이 임병직 유엔특사가 덜레스특사에게 편지로 송부(1951. 4. 26)한 뒤 한편 김세선 주미대사관 참사관이 딘 애치슨국무장관에게 송부(1951. 5. 7)했다.

그렇다면 외교위원회가 가동(1951. 4. 16)된 이후 임병직 특사가 편지로 송부

언급된 한국측 각서가 미국무부 문서철에서 발견되지 않았다고 쓰고 있다.

46 정병준, 2010 『독도1947』 돌베개 709쪽.

47 Sae Sum Kim, Charge d'Affaires a.i., to the Secretary of State(Dean Acheson) (1951. 5. 7) RG 59, Department of State, Decimal File, 694.001/5-751.

48 Letter by B. C. Limb, Permanent Representative of Korea to the United Nations to John Foster Dulles, April 26, 1951, 국사편찬위원회편, 1996 『이승만관계서한자료집3(1951): 대한민국사 자료집30』 233~236쪽.

49 「Rough Draft — For Comment and Suggestion」 국사편찬위원회편, 1996 『이승만관계서한자 료집3(1951): 대한민국사자료집30』 376~381쪽.

(1951. 4. 26)하기 이전에 한국정부의 답신서가 완성되었으며, 조약 초안 수령 후 불과 10일만에 답신서의 완성 및 워싱턴 전달이 완료되었음을 알 수 있다. 외교위원회의 답신서 완성에 최대 1주일 이상의 기한이 소요되지 않았을 것이다.

이상을 정리하면 다음과 같다. 첫째 대일평화조약 미국측 초안을 담은 3월 27일자 주미한국대사관 김세선의 보고서는 4월 3일 이후 서울로 보내졌다. 둘째 한국정부는 4월 10일 이전에 이승만대통령을 중심으로 국무총리, 관계 장관들이 대처를 시작했다. 셋째 주미한국대사관이 조약초안을 송부해 오기 전에 한국정부는 사적인 통로로 조약초안 사본을 획득한 상태였다. 넷째 이미 한국정부는 4월 10일 장면총리 명의로 맥아더에게 조약초안 수령에 관한 일종의 답장을 송부했다. 다섯째 한국정부는 외무부 산하 외교위원회를 통해 답신서를 작성(1951. 4. 27)했으며, 이를 임병직 유엔특사가 덜레스특사에게 송부(1951. 4. 26)하는 한편 김세선 주미대사관 참사관이 애치슨 국무장관에게도 송부(1951. 5. 7)했다.

한국정부의 제1차 답신서는 향후 대일평화조약에 대한 한국정부 대응의 기초를 형성했으며, 한국의 요구에 대한 미국정부의 반응수위를 결정하는 토대가 되었다.[50] 즉 대일평화조약에 대한 한국측 대응의 출발점이 되었으며, 이에 대한 미국측 응답의 출발점이 되었다.

---

50 이 연구에서 사용하는 1차 답신서, 2차 답신서, 3차 답신서 등의 호칭은 원문에 기재된 것이 아니라 필자가 한국정부의 답신서 순서에 따라 임의적으로 붙인 것이다.

2) 한국정부의 제1차 답신서(1951. 4. 27) 작성과 수교

한국정부가 미국무부에 수교한 공식 답변서는 주미한국대사관 용지 8쪽 분량으로 미국이 수교한 대일평화조약임시초안(제안용)의 목차에 따라 정리되었다. 전문(preamble), 제3장 영토(territory), 제4장 안보(security), 제5장 정치 및 경제조항(political and economic clauses), 제6장 청구권 및 재산(claims and property), 제7장 분쟁의 해결(settlement of dispute), 제8장 최종 조항(final clauses), 논평(Comments)으로 구성되어 있다. 가장 자세하고 긴 부분은 제6장 청구권 및 재산 관련이었다.

한국정부의 대일평화조약임시초안에 대한 논평 및 제안서(1951. 4. 27)[51]

전문

① 초안에 사용된 연합국(the Allied Powers)이란 용어에 대한민국을 포함시켜줄 것.

② 대일평화조약 상 한국의 지위는 베르사이유평화조약에서 폴란드의 지위와 유사함. 대한민국임시정부가 2차 대전 동안 일본에 전쟁을 선포했으며 만주와 중국본토에서 군사조직을 만들어 한국인들이 일본과 싸운 사실은 대일평화조약임시초안 제18조에 규정된 "연합국(ally)" 자격을 충족시킴. 이는 또한 [미국이 임시초안과 함께 전달한(인용자)] 비망록에서 임시초안의 작성에 앞서 협의한 국가들 중하나로 한국을 열거한 사실에도 직접적으로 함축되어 있음.

③ 일본의 유엔가입 신청과 관련해, 일본이 획득할 미래의 지위는 대한민국이 향유

---

51 한국정부의 답신서 원문에는 일련번호가 없다. 미국무부가 이를 정리하는 과정에서 임의로 붙인 것인데, 이해를 돕기 위해 일련번호를 덧붙였다.

하는 것과 동일한 지위로 제한해 줄 것을 요청함.

④ 재일 한국인 70만 명에 대해 여타 연합국 국민과 동일한 모든 권리, 특권, 보호를 제공할 것. 나아가 일본에 합법적이고 적절한 자격으로 존재하는 한국인 사업가, 학생, 여행객 및 모든 기타 한국민에 대해 여타 연합국 국민과 동등한 대우를 제공할 것. 재일한국인들이 일본 내 비일본인 거주자의 가장 큰 집단을 형성한다는 사실에 비추어, 제안된 [평화]조약의 실행에 앞서 그들의 법적 지위에 대한 완전한 해결이 있어야 할 것을 요구함.

[한국 정부는 제1장 평화, 제2장 주권에 대해서는 논평을 내지 않았다(인용자)]

제3장 영토

⑤ 정의가 장기적 평화의 기초라는 공고한 믿음 위에서, 대한민국은 대마도의 영토적 지위에 대한 철저한 연구가 있어야 한다고 요구함. 역사적으로 이 섬은 일본이 무력과 불법에 의해 점령(take over)하기 전까지 한국의 영토였음. [조약초안] 5조는 일본이 소련에게 남부 사할린, 모든 인접 도서 및 쿠릴섬을 이양(hand over)하라고 명령함. 이런 사실에 비추어, 대한민국은 일본이 대마도에 대한 모든 권리, 권원, 청구권을 특별히 방기하고, 이를 대한민국에 반환(return)할 것을 요청함.

제4장 안보

⑥ 태평양의 평화와 안보를 유지하는 데 있어 대한민국의 중요성에 주목해줄 것을 요청함. 연합국은 한국 안보에 위협이 될 일본의 군사력 개발을 허용하지 않고, 한국과 일본이 함께 여타 연합국과 협력하여 태평양 안보의 유지를 보증할 수 있

는 일정한 방법이나 타개책을 개발해줄 것을 요망함. 일본과 한국간의 "군사력 경쟁"은 양국 경제는 물론 유엔 헌장의 전반적 목적에도 해로울 것임.

제5장 정치 및 경제조항

⑦ 제9조 및 제10조와 관련해, 대한민국은 일본과 한국 어업활동 가능구역을 구획한 "맥아더라인"이 여기서 언급된 "전전 양자간 조약들"과 동일한 지위를 점해야 하며, 대한민국은 특별히 일본에 대해 상기 "맥아더라인"이 현재의 형태로 지속될 것임을 통보할 특별한 권한을 부여받아야 한다고 요청함. (중략) 이 장과 관련해, 대한민국은 과거 40년 간의 일본 통치와 압제로 인하여 다른 국가들이 자국의 권리를 양자가 협정을 통해 보호할 수 있었던 반면 한국은 조약을 체결할 수 없었던 사실에 대해 정당한 고려가 있어야 한다고 주장함. 한국의 권리가 일본과 "전전 양자조약들"을 체결한 연합국들과 동등하게 보호될 수 있도록 제10조는 수정되어야 함. 한국이 일본의 제국주의 지배하에 있었던 1945년 이전에 성립된 일본과 한국간의 여하한 소위 "조약들"은 사실상 조약들이 아니었으며 대한민국은 여하한 혹은 모든 이러한 "조약들"이 무효(null)이며, 효력이 없으며(void), 어떠한 효력도 지니지 않는다(of no effect whatsoever)고 간주함.

제6장 청구권 및 재산

⑧ 대한민국은 배상을 요구하지 않음. 본 정부의 정책은 이웃 일본과 평화롭게 살며 기꺼이 과거를 용서하고 잊고자 하는데 있음. 일본이 이성적으로 나온다면, 한국도 이성적으로 대할 것임. 본 정부는 이런 문제의 대부분은 일본과 한국간의 별도 조약에 따라 조정되어야 한다고 확신함. 이 장과 관련해 한국 내 일본인 재산소유

권은 물론 일본 내 한국정부 및 한국민의 소유권·이해관계에서 파생되는 소유권 문제를 포함한 모든 문제에 충분한 고려가 있어야함.

1941년 12월 7일부터 1945년 9월 2일 사이에 한국 내에 존재하던 일본과 일본국민의 모든 재산은 임시초안의 제14조에 따라 한국의 소유가 되어야 함. 1945년 12월 6일자로 공표된 주한미군정의 명령 제33호에 따라 위에 언급한 범주의 모든 재산들은 주한미군정(USAMGIK)에 양도됨. 이후 1948년 9월 11일 체결된 한미간 최초의 재정 및 경제협정에 따라 동일 재산은 법적으로 대한민국에 양도(transferred to the Republic of Korea)됨. 이는 현재 귀속재산처리법(the Vested Property Disposal law)의 관할 하에 있음. 위의 유례없는 배경에 비추어 볼 때, 제14조에 제시된 예외조항은 한국 내 일본 및 일본 국민의 재산에 정당하게 적용될 수 없음.

만약 제14조의 예외조항이 적용된다면 모순(incongruity)이 명백해짐. 예외조항 (1)은 "연합국의 영토에 거주하는 것을 허락받았으며 1945년 9월 2일 이전 특별조치의 대상이 되지 않은 일본 국민의 재산" 몰수를 면제하고 있음. 이 면제 조항은 명백하게 1945년 9월 2일까지 일본 지배하에 있던 지역들, 즉 후에 일본에서 방기된 지역들이나 혹은 미국[원문 그대로 : 유엔의 오기, 인용자] 신탁통치 하에 연합국의 일원에 의해 통치되는 지역들에는 적용되지 않는데, 왜냐하면 이들 지역들은 "특별한 조치"가 취해질 가능성이 없었기 때문임.

다시 예외조항 (3)은 "비정치적 종교, 자선, 문화 혹은 교육기관의 재산"의 몰수를 면제함. 일반적으로 말해 이는 합리적으로 생각됨. 그러나 한국과 관련해서, 상기 묘사된 모든 일본 기관은 모두 일본 제국주의와 황국신민화의 도구였으며 문자 그대로 비정치적인 한국 내 일본 기관들은 존재하지 않았음.

재차, 일본이 모든 연합국에게 "1941년 12월 7일부터 1945년 9월 2일 사이에 그들 영토 내에서 혹은 일본이 방기한 영토 내에서 일본과 일본 국민의 모든 재산, 권리, 이익을 귀속(vest), 보유(retain), 처분(dispose)할 권한을 승인한다"고 규정이 되어있지만, 예외조항 (4)는 "일본 내에 존재하는 재산" 몰수를 면제하고 있음. 만약 위에 특정한 기간 동안 "연합국"의 통제 하에 이들 지역들이 존재했다면, 문제가 되는 재산은 이 기간 동안 어떠한 이양(transferal) 혹은 이동(removal)이 발생치 않고 그들의 보호 하에 무사했을 것임. 이처럼 이들 지역은 특정기간을 통해, 특히 일본이 항복을 제의한 일자인 1945년 8월 9일 이후에조차 (일본에 의해) 통제되었으며, 이 이후 문제가 되는 재산의 상당수가, 특히 동산 및 선박들이 일본으로 반출되었음. 이 중요한 사실은 문제가 되는 예외 조항 어디에도 고려가 되지 않았음. 1945년 8월 9일 이후 연합국의 영토 혹은 일본이 방기한 지역, 혹은 유엔신탁 하의 연합국의 일원에 의해 통치되는 지역들로부터 고의적으로 일본으로 반출된 재산은 일본이 아니라 이들 지역에 "존재하는(located)" 것으로 간주되어야 함.

⑨ 임시초안은 제15조에 일본이 "본 조약의 발효 후 최초 6개월 이내에 요청에 따라 모든 연합국과 그 국민들의 일본 내 재산, 유형 및 무형, 모든 종류의 재산 및 이해를 반환한다"고 규정했으나 반면 일본이 방기한 지역들, 혹은 유엔 신탁통치 하에 연합국의 일원에 의해 통치되는 지역들과 해당 지역의 거주자들은 동 초안에 의해 그들의 유사한 재산, 권리, 이해를 포기(waive)하도록 되었음. 이는 동일성 원칙에 위배되는 것임. 이들 또한 자신들의 재산 등을 회복해야만 함.

예를 들어 일본 내 특정 건물들과 재산들은 대한민국의 소유임. 이들 재산들에는 李王子(영친왕 이은: 인용자)의 자택이 포함되는데, 그의 수입은 특정 재산의 수입에서 발생한 것임. 맥아더장군은 한국정부가 이왕자와 그 가족의 부양할 의무를 다할 준비가 된다면 언제든지 이들 재산을 대한민국에 반환하겠다는데 동의했음. 이제 한국정부는 준비가 되어 이들 의무를 수행할 수 있으며, 언급된 재산이 반환되기를 희망함.

나아가 대한민국은 일본이 몰수한 일본 내 한국인들의 소유인 모든 재산을 즉각 회복해주길 요청함. 일본은 상기 재산들을 몰수하면서, 위 재산을 보유한 한국인들이 공산주의자라고 주장했음. 그러나 소위 일본인 공산주의자들의 소유재산은 몰수되지 않았음. (중략)

한국 내 특정 귀속재산은 일본 점령기 동안 일본이 몰수했으며, 그 소유자들은 현재 한국정부가 이들 재산의 반환을 요구하거나 상응하는 보상을 지불하라고 요구하고 있음. 총액에서는 소액에 불과하지만 이는 정당한 요구이며 제안된 조약에 이 상황을 처리하기 이해 일본에 의한 일종의 배상형태를 다룬 특정 조항을 포함시켜줄 것을 요청함.

제7장 분쟁의 해결

⑩ 대한민국은 국제사법재판소의 일원이 될 것을 요청함.

제8장 최종 조항

⑪ 제18조는 제안된 조약의 목적에 해당하는 "연합국"을 규정함. 대한민국은 1919년 3월 1일 한국대표들이 일본으로부터 한국독립을 공식 선언했으며, 그날 이후 1945년 한국의 해방에 이르기까지 일본과 교전상태에 있었다는 점을 지적하고자 함.

논평

대한민국은 이 조약과 여타 모든 상호 이해관련 문제에 있어서 미국 및 유엔을 지지
하고 협력하기를 진정으로 희망함. 그 대신 다른 모든 국가들은 대한민국의 주권과
영토보전을 인정하고 존중해야함. 한국의 민주주의와 자유는 유지되어야 하며, 공산
주의는 축출되어야 함. 이를 위해 우리가 헌신하며, 이를 위해 우리가 투쟁하고 있음
[( )·[ ]는 인용자].

한국정부의 제1차 답신서(1951. 4. 27)는 협상비밀에 속했기에 국내에 알려지지 않았
다. 제1차 답신안이 미국에 전달된 2개월 뒤인 7월 9일 덜레스특사가 양유찬 주미대
사에게 한국 요청의 대부분을 기각한다고 통보한 후에야 그 내용이 국내에 알려졌다.
양유찬이 요약·정리해 언론에 알린 한국측 답신안의 내용은 다음과 같았다.

⑴ 조약 초안에서 사용되고 있는 연합국에 특별한 대한민국을 포함시켜야 한다. 이
러한 한국의 견해는 2차 대전 중 한국임시정부가 대일선전포고를 하였으며 또 한인
은 만주 및 중국 본토에서 항일전에 참가하였다는 사실에서 볼 수 있다. 이것은 연합
국의 자격을 얻기에는 충분한 조건이다. 대일강화에 대한 한국의 입장은 1차 대전 후
의 폴란드의 경우와 같다. 즉 폴란드는 파리강화조약에 참가할 수가 있었던 것이다.
⑵ 대한민국은 현재 유엔에서도 순전히 방청단 자격만인 바, 일본을 그 이상 광범하
게 유엔에 참가시켜서는 안된다.
⑶ 在日 한국국민은 기타 연합국 국민과 같은 신분자격을 亨受하여야 된다. 그러나
사실은 거부당하고 있다.
⑷ 일본은 대마도에 대한 권리를 포기하여야 된다. 역사적으로 보아 대마도는 한국

영토이었으나 일본은 불법적으로 이를 점령하였다.

(5) 한국의 안전보장에 위협을 줄만큼 일본에게 재군비를 허용하지 않도록 이에 관한 조치를 강구하여야 한다.

(6) 한일 간 漁구획문제를 조약에서 명백히 규정할 것이다.

(7) 일본에 대한 한국의 권리는 戰前 연합국의 대일 상호 제 조약의 그것과 동등이 보호되어야 한다. 즉, 한국은 일본 점령 하에 있었던 만큼 제 상호조약을 체결할 수가 없었다.

(8) 한국은 한일 간의 소위 모든 조약을 전연 무효로 한다.

(9) 한국은 일본에 배상을 요구하지 않는다. 한국은 조약에 의하여 양국 간의 재산문제를 해결하기를 희망한다.

(10) 한국은 국제사법재판소에 참가함으로써 타국과의 문제를 해결할 수 있기를 희망한다.[52]

한국정부의 답신은 크게 (1) 한국의 연합국·서명국 자격부여 및 재일한국인의 연합국민 자격 부여, (2) 대마도 반환, (3) 재한일본인 적산(귀속재산) 몰수 인정, (4) 맥아더라인의 존속 등으로 요약할 수 있다.

전반적으로 한국정부 답신은 상당히 강경한 어조로 구성되어 있었으며, 특히 대마도를 요구한 대목 등에서 비합리적인 주장으로 받아들여질 공산이 컸다. "2차 대전 이후 해방국"의 지위를 점하는 한국이 대마도 반환을 요구하고, 이를 소련의 사할린 할양과 연결시킴으로써 과도한 요구를 하고 있다는 인상

---

52 『경향신문』 1951. 7. 13.

을 주었다. 한국의 대마도 귀속주장은 영토할양이나 과도한 배상, 혹은 징벌적 요구로 해석되었으며, 이후 한국의 영토문제 요구·진술에 대한 전반적 진정성과 신뢰성을 떨어뜨리는 결과를 초래했다. 또한 일본의 유엔가입 문제를 한국의 유엔가입과 연계시키는 등 국제사회의 시각에서 볼 때 긍정적인 평가를 받기 어려운 요구들이 포함되어 있었다. 이는 한국정부 답신의 전반적 정합성과 신뢰성, 진정성을 훼손케 하는 요구들이었다. 즉 한국정부의 답신은 정당하고 합리적인 요구, 과도한 요구, 불합리한 요구 혹은 정치적 선전 등 여러 층위의 요구·주장이 혼재됨으로써 대일평화조약에 대처하는 한국정부의 합리성·정합성이 전반적으로 흔들리고, 한국정부의 전략적 우선 순위가 정리되지 않았음을 보여주었다.

한국정부의 제1차 답신서는 1951년 5월 7일 오전 8시 43분 미국무부에 접수되었다. 국무부는 이 문서에 대한 처리를 극동국(Far Eastern Affairs: FE)에 맡겼는데, 이 문서를 검토한 실무자는 한국측 논평·제안서에 연필로 메모를 남겼다. 이 실무자의 이름은 기록되지 않았지만, 「존 포스터 덜레스 평화사절단 문서철」에 따르면 이는 로버트 피어리(Robert Fearey)였다.[53]

그는 특히 한국이 대마도를 요구한 부분과 맥아더라인의 현상유지 요청 부분에 "ho"라고 썼다. "어이!", 혹은 "어라, 이것 봐라" 정도로 번역할 수 있는 이 단어는 이 논평·제안서를 대하는 미국무부 실무진의 인식을 명료하게 보여주고 있다. 피어리가 동의를 표시한 부분은 귀속재산의 불하와 관련해 군정명령 제33호(1945)와 한미간 재산·재정협정(1948)에 따라 모든 소유권이 한국

---

53 "Korea File" undated. RG 59, Japanese Peace Treaty Files of John Foster Dulles, 1946-52, Lot 54D423, Box 8.

정부에 이미 이양되었다는 대목이었다. 피어리는 여기에 대해서 "probably how to put in special article to provide for this"라며 동의를 표했다. 즉 이 문제를 해결하기 위해 특별 조항에 해당 내용을 어떻게 반영해야할지? 라고 적시한 것이다.

3) 미국무부의 한국정부 제1차 답신서 검토(1951. 5. 9)

피어리는 한국측 논평·제안서(1951. 4. 27)에 일련 번호를 붙여 정리한 후, 검토결과를 1951년 5월 9일 「미국조약초안에 대한 한국측 비망록에 대한 논평」 (Comments on Korean Note Regarding U.S. Treaty Draft)이라는 2쪽 분량의 문서로 정리했다.[54] 피어리는 1945년 10월 주일미정치고문실에 배속되어 근무했으며, 1946년 중반 미 국무부 극동국으로 옮겨 일본담당관 및 동북아시아과 등에서 일한 일본통이었다.

피어리가 검토한 결과는 한국의 대일평화조약 참가 및 이해와 관련해 결정적 역할을 한 것으로 판단된다. 피어리는 한국의 요구를 모두 11가지 항목으로 요약·정리했다.

1. 한국이 연합국의 일원이라고 명확히 적시되어야 함.
2. 베르사이유조약에서 폴란드의 경우처럼 한국이 조약에 서명하도록 허락되어야 함.

---

54 "Comments on Korean Note Regarding U.S. Treaty Draft" 문서의 서두에 1951년 5월 9일 작성됨(Prepared May 9, 1951)이라고 적혀있다. RG 59, Japanese Peace Treaty Files of John Foster Dulles, 1946-52, Lot 54D423, Box 8. 문서는 2급 비밀(secret)로 분류되었다가 1990년 10월 2일 비밀해제되었다.

3. 일본의 유엔가입 승인은 한국의 가입과 연계되어야 함.

4. 일본내 한국인들은 연합국 국민의 지위와 동등한 지위를 부여받아야 함.

5. 대마도는 한국에 "반환"되어야 함.

6. 한국은 일정한 태평양안보체제에 포함되어야 함.

7. 한국과 일본 간의 "맥아더(어업)라인"은 조약에서 유지되어야 함.

8. 한국은 우리 초안에 열거된 예외 조항과 무관하게 한국 내 모든 일본 재산을 몰수하도록 허가되어야 함.

9. 한국은 일본 내 한국재산의 회복과 관련해 연합국과 동일한 권리를 가져야 함.

10. "한국은 국제사법재판소의 일원이 될 것을 요구함."

11. 한국은 연합국의 일원으로 명확하게 포함되어야 함.[55]

미국무부 실무자 피어리가 작성한 논평을 살펴보자. 첫째 한국의 연합국 지위 요구에 대해, 피어리는 한국의 연합국 일원으로서의 지위는 5월 3일자 대일평화조약초안(미영합동초안)의 전문에 잠재적 서명국 명단에 한국이 포함되면 명백하게 해결될 것이라고 지적했다. 아직까지 한국의 연합국 지위 문제 혹은 서명국 문제는 확정되지 않았다.

둘째 폴란드의 예를 인용한 한국의 서명 자격 요구에 대해 1차 대전기 폴란드 사례가 한국의 조약 참가를 지지하는 것으로 생각되지 않는다고 평가했다. 폴란드국민위원회(Polish National Committee)는 1917년 파리에서 수립되었으며, 1917년 이전에 프랑스에서 전투 부대를 운영하고 모든 주요 서방 연합국들에

---

55 "Comments on Korean Note Regarding U.S. Treaty Draft" (1951. 5. 9) RG 59, Japanese Peace Treaty Files of John Foster Dulles, 1946-52, Lot 54D423, Box 8.

의해 "승인"되었던 반면 미국과 다른 연합국들은 제2차 대전 중 "대한민국임시정부"를 어떤 지위로도 승인하기를 의도적으로 회피했다는 것이다. 논평자는 임정의 대일 선전포고 혹은 아주 오래 전 한국에 거주했던 한국인들이 중국군과 함께 전투를 벌인 사실은 "우리 견지에서 볼 때 하등 중요성이 없다"고 했다.

셋째 일본의 유엔가입 승인을 한국 가입과 연계시킨 항목에 대해서도 부정적이었다. 한국의 가입이 승인되지 않으면 일본도 가입할 수 없다는 것은 아무런 근거가 없다고 평가했다.

넷째 일본 내 한국인들에게 연합국 국민의 지위와 동등한 지위를 부여해야 한다는 요구에 대해 논평자는 1951년 4월 23일자 요시다 시게루 수상의 비망록을 거론하면서, 일본 정부가 "만약 재일 한국거주자가 연합국 국민의 지위를 획득하지 않는다고 상기 조약이 명백히 보증한다면" 일본정부는 더이상 한국이 조약 서명국이 되는데 반대하지 않겠다고 한 점을 지적했다. 논평자는 70만 이상에 달하는 한국인들이 사실상 영구 거주자라는 점, 그리고 약 1만 8천명의 대만계 중국인이 한국인과 연합국 국민 중간 정도의 지위를 점하고 있는데 비교해 볼 때 한국인의 연합국 국민 지위 획득에 일본정부가 반대하는 것은 정당한 것으로 생각된다고 지적했다. 논평자는 한국이 안정화되면, 재일 한국인들이 모두 일본시민권을 획득하거나 혹은 한국으로 돌아갈 것을 선택해야 한다고 했다. 논평자는 일본정부의 입장에서 동의를 표시하고 한국정부의 입장을 부정한 것이었다.

다섯째 대마도의 한국 반환에 대해 논평자는 "한국의 대마도 요구는 극히 설득력이 없다"고 했다.

여섯째 한국의 태평양안보체제 편입에 대해서는 궁극적으로 바람직하지만, 현재로는 아무 것도 약속할 수 없다고 평가했다.

일곱째 맥아더라인을 조약에 명기하라는 요구에 대해 이렇게 평가했다. "일본 어부들을 맥아더라인의 한국측 어업구역에서 영원히 배제하겠다는 입장은 우리(미국의: 인용자) 서부해안 어부들의 요구보다도 과도한 것이며, 일본 수산업에 매우 심각한 사태이므로 한국의 요구는 기각되어야 한다"고 했다. 한국정부 비망록에 담겨있는 논지와는 반대로 일본 어선을 타국에 인접한 공해에서 배척하는 양자간 협정을 일본과 체결한 국가는 없다고 했다.

여덟째 한국 내 일본 재산 몰수에 대한 요구는 정당하게 수용되었다. 논평자는 1951년 5월 3일자 미영합동초안 제3항에 이것이 반영되었다고 썼다. 반면 14조의 예외조항 4항을 한국정부가 오해했는데, 예외조항은 문서재산의 일본 내 유입을 언급한 것이지만, 한국정부는 전쟁기간 동안 한국에서 일본으로 반출된 물질재산을 한국정부가 몰수하는 것을 금지하는 것으로 해석했다고 평가했다. 그럼에도 불구하고 초안에 따르면 한국은 1941년 12월 7일(개전일)부터 1945년 9월 2일(항복조인일)까지의 재산만을 보유하도록 허락된다는 점에서 한국의 지적이 정당하다고 평가했다.

여기서 논의된 임시초안 제14조의 예외규정은 다음과 같다.

제14조. (전략) 그러나 일본은 모든 연합국이 1941년 12월 7일부터 1945년 9월 2일 사이에 그들 영토 내에서 혹은 일본이 방기한 영토 내에서 일본과 일본 국민의 모든 재산, 권리, 이익을 귀속(vest), 보유(retain), 처분(dispose)할 권한을 승인한다. 예외는 (i) 연합국의 영토에 거주하는 것을 허락받았으며 1945년 9월 2일 이전 특별조

치의 대상이 되지 않은 일본 국민의 재산

(ii) 유형의 외교 혹은 영사 관련 재산, 그 보존에 수반되는 순 비용

(iii) 비정치적 종교, 자선, 문화 혹은 교육기관의 재산

(iv) 그 재산에 관한 권리, 권원 혹은 이익 (증빙) 문서 혹은 유사한 증거가 어느 곳
에 존재하는지와 무관하게 일본 내에 (존재하는) 재산 혹은 그에 관련된 모든 채
무청구권

(v) 일본에서 기원한 생산물을 확인해주는 상표[56]

아홉째 한국이 일본 내 한국재산의 회복과 관련해 연합국과 동일한 권리를
가져야 한다는 요구에 대해서는 단순한 오해의 산물이라고 규정했다. 논평자
는 "연합국"에는 한국이 포함될 계획이었다고 썼다. 즉 1951년 3월 초안을 한
국에 건넬 때는 한국을 연합국의 일원으로 대우할 생각이었다는 것이다. 그런
데 논평자는 미국무부가 1951년 3월의 임시초안(제안용) 이후 이 문제에 대해
"다른 생각(second thoughts)"을 갖게 되었다고 했다. 이는 한국을 배제할 생각
을 갖게 되었음을 의미했다.

열째 한국이 국제사법재판소의 일원이 되는 문제에 대해서, 연합국 가운데
국제사법재판소의 일원이 되지 못하는 국가에게는 조약분쟁 조항의 이익을
향유할 권한을 부여하는 특별 조항이 3월 초안의 제17조에 들어있다고 했다.

열한째 한국은 연합국의 일원으로 명확하게 포함되어야 한다는 요구에 대

---

56 "Provisional Draft of a Japanese Peace Treaty (Suggestive only)," (1951. 3. 23), United States
Department of State, *Foreign Relations of the United States, 1951. Asia and the Pacific*,
(in two parts): Volume VI, Part 1 (1951) p.948.

해서는 첫째와 같이 유보적인 태도를 취했다.

이상과 같은 논평은 이 시점에서 임시초안^(제안용)에 대한 한국측 회신에 대한 국무부의 전반적 평가를 담고 있다. 미 국무부의 입장에서 한국정부의 요구는 크게 3그룹으로 나뉘는 것이었다.[57]

먼저 합리적 주장에 속하는 것은 6항·8항이었다. 특히 미군정기 및 한국정부 수립기에 한미간 협정을 통해 귀속재산으로 인정한 한국 내 일본인 재산에 대해서는 그 타당성이 인정되었다.

다음으로 수용가능한 주장에 속하는 것은 1항·2항·10항·11항이었다. 이 항목들은 한국에 대한 연합국 자격 및 조약 서명국 지위 부여와 관련된 것이었는데, 미국은 한국이 주장하는 근거^(임시정부의 대일선전포고·대일투쟁, 폴란드의 예)를 부인했다. 한국의 연합국·서명국 지위는 미국정부의 결정에 따른다는 점을 분명히 했다. 즉 한국이 제시한 과거의 사실이 연합국·서명국 자격조건을 완성시키는 것이 아니라, 현재 미국의 정책적 입장에 따라 한국의 자격이 결정된다는 인식이 명백했다.

마지막으로 과도하고 불합리한 주장에 속하는 것은 3항·4항·5항·7항·9항이었다. 미국은 이 주장들이 대일징벌적이며, 불합리한 것이라고 판단했다. 특히 미국은 대마도 반환요구와 맥아더라인의 존속을 과도한 배상 혹은 일종의 영토할양으로 받아들였다. 대마도 반환과 관련해 한국정부는 소련에게 사할린·쿠릴열도가 주어진 것처럼 대마도가 한국에게 주어져야한다는 논리를 구사했는데, 이는 2차대전으로 해방된 국가인 한국이 영토할양이나 과도한 배상

---

57 정병준, 2010 위의 책 726~732쪽.

을 요구한다는 인상을 준 것이다. 또한 맥아더라인에 대해서 조약 내 명기는 불가능하며 일본 어업을 제한하는 것에 반대했다. 또한 재일한국인의 연합국 지위 부여에 대해서도 일본주장이 타당하다고 인정했다.

전반적으로 볼 때 한국의 제1차 답신서는 미국무부에 부정적인 인상을 주었을 가능성이 매우 높다. 한국의 주장은 당시까지 미국이 추구해왔던 '비징벌적이며 배상을 제외한' 평화적 조약체결이라는 원칙과 큰 격차를 두고 있었기 때문이다.

4) 미일협의(1951. 4)·영미회담(1951. 4~5)과 미국의 정책 선회

미국무부가 한국의 제1차 답신서에 대한 논평을 작성하던 시점(1951. 5. 9)에서 한국문제와 관련한 미국의 입장에 큰 변화가 발생했다. 가장 큰 변화는 한국의 대일평화조약 참가 및 조약서명국 지위를 둘러싸고 벌어졌다.

미국이 한국을 대일평화조약의 참가국·서명국으로 고려하기 시작한 것은 1949년 11월 2일자 국무부의 대일평화조약 초안에 대해 존 J. 무초(John J. Muccio) 주한미대사가 의견서를 제출(1949. 12. 3)하면서 대일평화조약에 한국을 자문국으로 참가시키는 대신 추가배상요구를 차단해야 하며, 한일관계는 양국 협상이 아닌 국제적 포럼을 통해 해결해야 한다는 입장을 피력한 이후였다.[58] 미국무부는 새로운 대일평화조약 초안(1949. 12. 29)을 완성했는데,[59] 한국이 대

---

58 Telegram by Muccio to the Secretary of State, no.1455(1949. 12. 3), RG 59, Department of State, Decimal File, 740.0011PW(Peace)/12-349.

59 Memorandum by Fearey to Allison, Subject: Japanese Treaty(1949. 12. 29), RG 59, Office of Northeast Asia Affairs, Records Relating to the Treaty of Peace with Japan-Subject File, 1945-1, Lot 56D527, Box 2. 초안의 수정작업은 국무부 극동국 동북아시아과의 로버트 피어리가

일평화회담 참가국으로 결정되었다. 한국은 총53개의 '연합국 및 협력국' 명단에 들어갔다. 미국이 작성한 대일평화조약 초안들 가운데 한국이 최초로 평화조약 참가국으로 거론된 것이다. 미 국무부는 초안과 함께 「일본과의 평화조약 초안에 대한 논평」(Commentary on Draft Treaty of Peace with Japan)을 작성했는데, 여기서 한국을 포함한 이유를 다음과 같이 설명했다.

> 한국: 대한민국은 극동위원회 회원국이 아니며 소련의 승인을 받지 못했음. 그럼에도 불구하고 수십 년간 지속된 저항운동, 일본에 대항한 전쟁에서 활발한 전투의 기록(중국국민당 군대와 함께)을 가지고 있으며, 조약에 중요한 이해관계를 갖고 있는 해방된 지역(a liberated territory)이므로, 참석할 자격이 있다는 것은 의문의 여지가 없다고 생각하며, 만약 미국이 한국의 참가를 옹호하지 않는다면 분개할 것임. 서울의 미국 대사가 보고하기를 한국 관리들은 한국이 평화회담에 참석하도록 초청될 것을 기대하고 있지만, 협상회담의 구성원보다는 일본과 교전했거나 교전상태에 있었던 비극동위원회 국가들처럼 자문자격으로 (회담의) 추후단계에 참석하도록 한국정부를 설득할 수 있을 것이라고 했음.[60]

여기에는 한국을 자문국의 지위로 대일평화회담에 참가시켜야 한다는 무초 주한미대사의 보고서(1949. 12. 3)와 국무부 극동조사과의 보고서(1949. 12. 12)가 담당했다.

[60] "Commentary on Draft Teaty of Peace with Japan," (1949. 12. 29), RG 59, Office of Northeast Asia Affairs, Records Relating to the Treaty of Peace with Japan-Subject File, 1945-1, Lot 56D527, Box 6.

중요한 역할을 했다. 한국전쟁 발발 이후 급속히 추진된 대일평화회담과 관련해 딜레스 특사를 비롯한 미국무부 실무진은 극동에서 반공진영의 최전선이자 서구 민주주의의 보루인 한국을 참가시킬 결심을 분명히 하고 있었다.

때문에 미국무부는 한국을 대일평화회담 참가 및 조약서명 대상국으로 상정해 미국의 대일평화조약 초안(1951. 3)을 수교했다. 한국정부는 이에 대한 제1차 답신서(1951. 4. 27)를 작성해, 미국무부에 수교(1951. 5. 7)했다.

이 사이에 한국의 회담 참가국·조약서명국에 영향을 미친 3가지 사건이 벌어졌다. 첫째 1951년 4월 미국 특사단은 일본을 방문(1951. 4. 16~23)해 미일협의를 진행했다. 이는 맥아더의 연합군최고사령관직 해임(1951. 4. 11)에 따른 일본의 불안을 해소하기 위한 목적에서 였다. 이때 미국 특사단은 영국정부의 대일평화조약초안(1951. 4. 7)을 일본정부에 수교하고 의견을 청취할 정도로 대일우호적 입장을 견지했다. 딜레스는 일본수상 요시다 시게루(吉田茂)와 2차례 회담했는데, 그중 4월 23일 두 번째 회담에서 한국의 참가문제가 다뤄졌다.

딜레스는 (1) 미국은 한국에 대한 정치적 지원의 차원에서 한국을 서명국에 포함하고 싶다. 한국의 극동위원회 가입을 요청했지만 회원국의 의견이 갈려 성사되지 못했다. 미국은 한국정부의 지위를 강화하려는 입장을 갖고 있다. (2) 재일한국인들이 연합국 국민의 지위를 얻어 일본정부를 곤란하게 할지 모른다는 우려를 잘 알고 있다. (3) 일본정부의 우려를 해소할 방법을 모색할 테니 한국의 서명에 동의해주기 바란다고 발언했다.[61]

---

61 Memorandum of Conversation by R. A. Fearey, Subject: Japanese Peace Treaty(1951. 4. 23), RG 59, Office of Northeast Asia Affairs, Records Relating to the Treaty of Peace with Japan–Subject File, 1945–51, Lot 56D527, Box 6;「吉田·ダレス會談(第2回)」, 日本外務省, 2007, 위의

이에 대해 요시다수상은 한국을 연합국으로 인정하거나 협상·조약에 참가시키면 대다수 공산주의자와 범죄자로 구성된 재일 한국인들이 과도한 요구를 계속해 일본경제를 거덜낼 것이라는 악명높은 「한국과 평화조약(Korea and the Peace Treaty)」(1951. 4. 23)이라는 비망록을 수교했다.[62] 요시다는 1949년 일본 국철사장의 암살범이 한국인으로 한국으로 도망쳤다고 발언하며 재일 한국인들을 범죄자로 무고했다. 요시다의 입장은 (1) 전시 한국의 연합국 지위 불인정, 한국은 일본과 교전상태·전쟁상태가 아니라 평화조약에 의해 독립을 획득하게 될 해방국의 지위, (2) 범죄자·공산주의자인 재일한국인의 연합국 국민 지위 부여시 일본 경제 파탄, (3) 한국의 조약서명국 배제, (4) 한일관계 수립은 한일간 협정으로 처리한다는 것으로 정리할 수 있다.[63] 덜레스는 이 자리에서 일본의 요구에 부정적 태도를 취했지만, 재일한국인이 공산주의자들이며 이들이 평화조약으로 경제적 이득을 얻어서는 안된다는 일본정부의 주장이 설득력이 있다고 인정했다. 이날 오후 일본정부는 재일한국인들이 연합국 국민의 지위를 획득하지 않는 것만 확실히 보장된다면 한국이 강화조약의 서명국이 되는 것을 반대하지 않는다는 의사를 덜레스에게 전달했다.[64]

이미 일본정부는 1950년 10월 덜레스가 한국을 대일평화조약의 주요 협의

책, 408~409쪽.

62 "Korea and Peace Treaty" (1951. 4. 23), RG 59, Japanese Peace Treaty Files of John Foster Dulles, 1946~52, Lot 54D423, Box 1; 정병준, 2010 위의 책 656~669쪽.

63 정병준, 2010 위의 책 664쪽.

64 FRUS, 1951, Vol. VI, p. 1011; 「對フィリヴィン賠償問題および韓國政府の平和條約署名問題に關するわ が方追加陳述(Supplementary Statement to the Conversation of Friday Morning, April 23, 1951)」, 日本 外務省, 2007, 위의 책, 421~423쪽.

대상국에 포함시킬 것을 인지하고 있었다. 이 정보를 일본측에 누설(leak)한 것은 대일평화조약의 실무부서이던 미국무부 동북아시아국의 로버트 피어리였다.[65] 일본은 미국무부의 정책방향을 인지했고, 한국의 회담참가국·조약서명국 지위 박탈을 위해 적극적인 논리를 준비했던 것이다. 그 핵심은 한국의 평화회담 참가, 조약 서명문제를 재일한국인 문제와 결부시키는 책략이었다. 이미 이 문제에 대한 연합군최고사령부(SCAP)의 우려와 문제제기가 있었다.[66]

둘째 미일협의 직후 영국 대표단이 미국을 방문해 제1차 영미회담(1951. 4. 25~5. 4)이 개최되었다. 이 회담에서 미국은 한국을 '잠재적 서명국'이자 '연합국'으로 상정했으며, 회담에 참가시킬 의향을 분명히 피력했다.[67] 반면 영국은 한국이 2차 대전 중 연합국의 지위에 있지 않았다며 반대했다. 이미 1951년 3월 런던을 방문한 앨리슨에게 스콧(Robert H. Scott) 영국 외무차관은 한국은 제2차 세계대전 중 연합국 지위가 아니기 때문에 미국무부의 대일평화조약 초안(1951. 3)을 발송하는데 반대한 바 있다. 이에 대해 앨리슨은 정치적인 이유로 조약 초안 발송이 필요하다고 주장했다.[68] 영국은 독자적인 대일평화조약 초안을 완성(1951. 4. 7)한 후, 이를 미국에 발송(1951. 4. 16)하면서, "한국의 참가가 바람직하지는 않지만, 미국이 이 점을 중시한다면 반대는 하지 않는다"라는 입장을 피력했다.[69]

65　「講和問題に關るす米國務省係官の談話について」(1950. 10. 14), 日本外務省, 2007, 위의 책, 57~63쪽.

66　정병준, 2010 위의 책 665~669쪽.

67　"Check List of Position Stated by U.S. and U.K. At April 25-27 Meetings," (undated), RG 59, Department of State, Decimal File, 694.001/4-2751.

68　이원덕, 1996, 『한일과거사 처리의 원점』, 서울대학교출판부, 30~31쪽.

워싱턴 영미회담 중 총 3차례 한국의 조약참가문제가 논의되었고, 2차례 이상 영국대표단의 강력한 반대의사가 개진되었다. 먼저 1951년 5월 1일 회담에서 영국은 중국의 조약참가가 배제된 상태에서 한국이 조약에 서명한다면 특정 아시아국가들이 조약에 협력하는데 상당한 장애가 발생할 것이라고 발언했다.[70] 5월 2일 회담에서 덜레스는 "대한민국에 가해진 침략을 고려해 주요 당사국으로 대한민국이 조약에 서명하도록 허락하는 것이 정치적 이점이 있을 것"이라고 발언했다. 덜레스는 일본정부가 대다수 공산주의자인 재일한국인들이 연합국 국민의 지위를 부여받으면 안된다는 우려를 이해하고 있으며, 버마·인도네시아 정부가 한국의 조약서명에 반대할지 모른다고 발언했다.[71] 이 자리에서 덜레스는 한국을 참가시키겠다는 미국의 희망과 한국의 참가를 반대하는 일본·버마·인도네시아 등의 입장을 고려해 열강들이 서명한 후 한국이 서명하는 방안을 고려해 보겠다는 입장을 내비쳤다. 미국의 입장을 한국의 조약 참가·서명국 지위부여에서 순차적 서명국의 지위로 후퇴시킨 것이다. 마지막으로 5월 4일 회담에서 영국대표단은 한국이 일본과 교전상태였던 적이 없으므로, 조약의 대부분이 한국에 적용되지 않는다고 주장했다.[72] 이

69 細谷千博, 1989, 『サンフランシスコ講和條約への道』, 中央公論社, 228쪽(김태기, 1999, 위의 논문, 366쪽 재인용).

70 FO 371/92547, FJ 1022/376, British Embassy, Washington to C. P. Scott, O.B.E., Japan and Pacific Department, Foreign Office, no.1076/357/5IG "Anglo-American meetings on Japanese Peace Treaty, Summary Record of Seventh meeting," (1951. 5. 3).

71 FO 371/92547, FJ 1022/370, Sir O. Franks, Washington to Foreign Office "Japanese Peace Treaty: Records of meeting between our representative and Mr. Dulles," no.393(s)(1951. 5. 3).

72 FO 371/92547, FJ 1022/378, British Embassy, Washington to Foreign Office, no.1076/366/5IG, "Anglo-American meetings on Japanese Peace Treaty, Summary Record of

상과 같은 워싱턴 영미회담이 종료된 이후 덜레스의 발언을 보고받은 영국 외무성의 스콧차관은 미국이 한국의 조약서명을 주장한다면, 특별조항을 설치해 한국의 참여를 허용할 수도 있다는 견해(1951. 5. 9)를 피력했다.[73] 미국과 영국이 각각 반걸음씩 양보할 태세를 밝힘으로써 한국은 조약 참가·서명국에서 순차적 서명국 혹은 특별조항에 의한 참가국으로 지위가 변동된 것이다.

셋째 바로 이 시점에 한국정부의 제1차 답신서가 미국무부에 도착(1951. 5. 7)했다. 미국은 최소한 1950년 10월 이래 반공개적으로 한국의 조약참가 및 서명 지위를 부여하려고 했으며, 그런 취지로 한국정부에 대일평화조약 초안 (1951. 3)을 수교했다. 그런데 미일협의(1951. 4), 영미회담(1951. 4~5)의 과정에서 지속적으로 한국의 조약참가에 대한 관련 당사국들의 강력한 부정과 반발에 시달렸던 미국무부 실무진들은 한국정부의 제1차 답신서에 실망을 감추지 못했다.[74] 한국측 답신서를 검토한 피어리는 한국이 연합국의 일원이라며 내세운 네 가지 근거 및 논리를 부정했다. 덜레스의 발언에서 드러나듯이 미국은 공산침략에 맞선 자유세계의 최전선이라는 한국의 현재적 가치를 강조하고 있었지만, 한국은 이러한 현재의 가치보다는 일본과 선전포고·투쟁이라는 과거의 가치를 강조함으로써 미국의 동의를 얻기 어려웠다. 나아가 교전국·연합국이 아니라 식민지에서 '해방된 국가'로서 과도한 영토할양이나 배상을 요구하고 있다는 판단을 갖게 되었다.

ninth and final meeting held on 4th May," (1951. 5. 4).

73 FO 371/92547, FJ 1022/370, Sir O. Franks, Washington to Foreign Office, "Japanese Peace Treaty: Records of meeting between our representative and Mr. Dulles," no.393(s)(1951. 5. 3).

74 "Korea File," (undated), RG 59, Japanese Peace Treaty Files of John Foster Dulles, 1946-52, Lot 54D423, Box 8.

결국 영국·일본은 1951년 4~5월에 집중적으로 (1) 한국은 연합국이나 대일교전국이 아니었다(영국·일본), (2) 한국이 연합국 지위를 갖게되면 공산주의자인 재일한국인들이 경제적 이득을 얻어 일본 정부가 곤경에 처한다(일본), (3) 중국의 조약참가가 배제된 상태에서 한국이 참가하면 버마·인도네시아 등 동남아시아 국가의 반발을 살 수 있다(영국)고 주장했다. 미국은 반공의 최전선이자 자유세계의 수호자인 한국의 조약 참가가 한국의 정치적 입지를 확고히 하는데 기여할 것이라는 입장을 취했다. 그러나 영국·일본의 반대에 부딪힌 미국은 열강의 조약 서명후 한국의 서명이라는 입장으로 후퇴했고, 영국은 특별조항 설치를 제안했다. 이 직후 한국정부의 제1차 답신서가 도착(1951. 5. 7)했고, 미국의 실망을 자아냈다.

이 결과 이미 영국·일본의 반대로 한국을 조약 서명국·참가국에서 순차적 서명국의 지위로 고려하고 있던 미국은 영국의 제안에 맞춰 한국의 지위를 특별조항의 수혜국으로 변경하게 되었다. 이러한 내용은 덜레스 사절단의 2인자 앨리슨이 덜레스의 영국방문(1951. 6. 2~14)을 앞두고 작성한 비망록에 반영되었다. 여기서 "3. 미국은 한국이 서명국이 되어서는 안된다는 영국측 생각을 수락하고자 하며, 조약에 따라 한국에 특정권리를 부여하는 조항을 준비 중이다"라고 기록했다.[75] 즉 한국은 회담초청국·조약서명국이 아니라 조약의 특정권리를 부여받는 국가로 설정되었다. 이러한 새로운 입장은 「대일평화조약 작업 초안 및 논평」(1951. 6. 1)에 반영되었다. 여기에 미국은 제10조를 새로 제안했다.

---

75 Subject: Talk with Sir Oliver Franks Regarding Japanese Peace Treaty, *FRUS*, 1951, Vol. VI, p. 1043.

제10조. 대한민국은 현 조약의 제5조, 제10조(제11조로 변경 예정), 제13조(제14조로 변경 예정)의 경우에 '연합국'으로 간주될 것이며, 이는 조약이 최초로 발효되는 시점부터 효력을 발생한다.[76]

부연설명에 따르면 조약이 효력을 발생하는 시점부터 한국에 제5조(포기하거나 양도한 지역에서 일본 재산의 처리), 제10조(어업), 제13조(통상관계)의 완전한 이익을 보증한다는 것이다. 이러한 미국의 새로운 제안은 런던에서 개최된 제2차 영미회담(1951. 6)에서 논의되었다. 한국은 "연합국"이 아니지만 기본이익을 받는다고 규정되었고, 한국의 이익을 담보하기 위한 특별조항은 제2차 영미합동초안(1951. 6. 14)의 제21조에 반영되었다.

제21조. 현 조약 제25조의 규정에도 불구하고, 중국은 제10조와 제14조의 이익을 부여받으며, 한국은 현 조약 제2조, 제9조, 제12조의 이익을 부여받을 것이다.

제25조는 연합국에 대한 규정인데, 한국은 연합국으로 규정되지는 않았지만, 중국과 함께 조약의 몇몇 조항의 이익을 부여받게 되었다. 한국에 부여된 것은 제2조(영토), 제9조(어업제한 및 공해 어업개발·보호협정), 제12조(통상협정)의 이익이었다.[77]

---

76 "Japanese Peace Treaty Working Draft and Commentary," (1951. 6. 1), RG 59, Office of Northeast Asia Affairs, Records Relating to the Treaty of Peace with Japan-Subject file, 1945-51, Lot 56D527, Box 6, Folder "Treaty-Draft-Mar. 23 1951"; *FRUS*, 1951, Vol. Ⅵ, pp. 1068~1069.

77 김태기, 1999, 위의 논문, 368쪽. "Draft Japanese Peace Treaty," (1951. 6. 14), RG 59, Office of

이상과 같이 한국의 대일평화조약 참가·서명 자격은 1949년 12월에 반영되어 1951년 5월 초까지 유지되었지만, 1951년 4~5월간 영국과 일본의 격렬한 반대 속에 미국의 입장이 흔들렸고, 한국정부의 제1차 답신서가 도착하자, 1951년 6월초 조약참가·서명 자격 불인정 및 특별조항 신설로 후퇴하였고 최종적으로는 1951년 6월 제2차 영미회담에서 초청자격 불인정 및 특별조항 신설로 귀착되었다. 이에 따라 딜레스 특사는 1951년 7월 9일 양유찬 주미대사에게 한국은 대일 교전국이 아니기에 조약서명국이 될 수 없다는 최종 입장을 통보했다.[78]

제2차 영미회담의 결과는 제2차 영미합동초안(1951. 6. 14)으로 정리되었다. 여기서 한국의 이해와 관련해 조약참가·서명자격, 영토문제, 배상문제 등 세 가지 문제가 결정되었다. 제2차 영미합동초안은 1951년 9월 최종 서명된 최종 조약문의 모본이자 원천이 되었다. 먼저 한국의 참가는 거부되었다. 제2차 영미회담의 결과를 정리한 미국측 비망록은 "한국: '연합국'은 아니지만 기본이익을 부여받음"이라고 평가하고 있다.[79] 기본이익은 재한일본인 재산청구권의 소멸, 양자간 어업협정, 양자간 평화협정 체결 가능성 정도로 실익은 없는 것이었다.

Northeast Asia Affairs, Records Relating to the Treaty of Peace with Japan-Subject File, 1945-51, Lot 56D527, Box 6. Folder, "Treaty-Draft-June 14, 1951"; RG 59, Japanese Peace Treaty Files of John Foster Dulles, 1946-52, Lot 54D423, Box 12.

78 Memorandum of conversation, Subject: Japanese Peace Treaty(1951. 7. 9), RG 59, Department of State, Decimal File, 694.001/7-951.

79 "United Kingdom" (1951. 6. 15), RG 59, Japanese Peace Treaty Files of John Foster Dulles, 1947-1952, Subject File, 1946-52, Lot 54D423, Box 13.

〈표 3〉 한국정부의 제1차 답신서를 동봉한 각서(1951. 7. 20)에 대한 영국 외무성의 검토결과(일자미상)

조항	수정요구사항	출처	논평
전문	특별히 한국을 연합국에 포함	한국정부 7월 20일, 7월 25일자 각서(notes) (FJ 1022/799, FJ 1022/847)	한국이 일본과 교전상태가 아니었기에 수용할 수 없음
전문	향후 일본의 유엔가입 지위는 한국과 동등한 수준으로 제한	한국정부 7월 20일자 각서(FJ 1022/799)	요청은 애매하며, 한국이 유엔가입하지 않는한 일본가입을 허용치말라는 의도라면 거부되어야함. 유엔가입결정은 유엔만의 문제임
전문	재일한국인들을 여타 연합국민들처럼 권리, 특권, 보호를 보장할 것	한국정부 7월 20일자 각서(FJ 1022/799)	일본내 다수 소수민족은 매우 말썽많으며 공산주의자들이 소요를 일으키는데 활용되므로 수용할 수 없음
제2조	대마도를 한국에 양도할 것	한국정부 7월 20일자 각서(한국공사)	대마도는 일본역사의 여명기부터 일본땅이었으며 언어, 인종, 취향에 있어 주민들이 일본인이므로 수용할 수 없음
제5조	태평양에서 평화·안전 유지에 있어 한국의 중요성을 고려	한국정부 7월 20일자 각서(한국공사)	한국은 조약수정을 위해 특정 요구를 하지 않음. 아마 미국과 방위협약에 참가 혹은 일정한 보장을 원하는 것임. 조약에 수정요구한 것으로 보이지 않음
제7조	전전 일본과 양자조약들을 체결하지 않은 한국의 이익을 일본과 조약들을 체결한 연합국들과 실제적으로 동일한 상태로 (인정해) 보장	한국정부 7월 20일자 각서(한국공사)	한국이 그런 조약을 체결하지 않았으므로 조약체결국들의 지위에 들 수 없음. 세계적 혹은 표준이라고 할 양자간 조약들 혹은 특정 조항의 목록을 선정하는 것은 불가능함. 이 요구는 21조에 의해 실질적으로 수용되는데, 21조는 2, 9, 12조의 이익을 한국에까지 확장함
제9조	한일어부들이 가용한 지역을 규정한 "맥아더라인"은 전전 쌍무조약들과 동일한 지위를 부여할 것	한국정부 7월 20일자 각서(FJ 1022/799)	이 요구는 현재 초안 9조로 충족됨. 이 조항에 대한 추가가 필요치 않거나 미국이 수용할만한 것임

조항	수정요구사항	출처	논평
제14조 (배상)	일본내 한국재산이 한국 소유로 인정되며 한국은 현재 14조에 제시된 것보다 자유롭게 한국내 일본재산을 몰수할 수있도록 세부 조항들을 추가할 것	한국정부 7월 20일자 각서(한국공사)	이 요구는 한국이 연합국이었다는 잘못된 가정(false assumption)에 기초함. 일한간의 재산권분쟁의 조정은 4조에 의해 양국정부간에 해결할 것임. 한국내 일본재산이 한국의 관할하에 있게될 것이므로 한국이 우월한 입장임.
제22조	한국이 국제사법재판소의 성원이 될 것	한국정부 7월 20일자 각서(한국공사)	조약에 한국이 국제사법재판소의 성원이 되도록 규정하는 것은 불가능할 것임

다음으로 영토조항은 제2장 영토 제2조에 "(a) 일본은 한국의 독립을 승인하며, 제주도, 거문도, 울릉도를 포함한 한국에 대한 모든 권리, 권원, 청구권을 포기한다"고 규정되었다.[80] 한국의 영토 범위에 제주도, 거문도, 울릉도를 포함한다는 규정이 처음으로 등장한 것이다. 카이로선언에서 합의되고 포츠담선언으로 승계되었던 연합국의 대일영토규정은 폐기된 반면 새로운 대일영토규정은 제시되지 않은 상태였다.

마지막으로 배상·청구권문제에서 큰 변동이 있었다. 제2차 영미합동초안에는 이전과는 달리 미군정기에 몰수되었으며 그 효력이 한국정부로 승계된 재한일본인의 재산·청구권 문제를 한일 양국 정부가 논의하는 것으로 수정되었다. 이는 1951년 7월 이후 한미협의의 가장 중요한 핵심사안이 되었으며, 미국은 한국의 항의를 수용해 재한일본인 재산·청구권을 몰수한 주한미군정의 조치를 합법화하는 방향으로 조문을 수정했다.

---

80 "Revised United States-United Kingdom Draft of a Japanese Peace Treaty," (1951. 6. 14), *FRUS*, 1951, Vol. VI, p. 1120.

한편, 주미한국대사관은 제2차 한미협의(1951. 7. 19) 과정에서 한국의 조약
서명국 불인정을 통보받은 다음 날(1951. 7. 20) 한국정부의 제1차 답신서(1951.
4. 27)를 영국정부에 송부했다. 영국정부의 지지를 얻기 위한 방략이었지만, 이
미 영국은 2차례의 영미회담과 제2차 영미합동초안(1951. 6. 14)을 통해 한국의
조약 서명국 지위를 부정한 상태였다. 영국 외무성은 한국정부의 제1차 답신
서를 정리하고 논평을 덧붙였다.[81]

5) 제1차 한미협의(1951. 7. 9)와 한국정부의 제2차 답신서

1951년 5월 7일 한국정부의 답신서가 건네진 이후 첫 번째 한미협의는 2
개월 후인 1951년 7월 9일 이뤄졌다. 미국무부의 요청으로 양유찬 주미대사
가 덜레스특사를 방문했고, 국무부 극동국의 피어리(Robert A. Fearey)와 한국문
제 담당관 에몬스3세(Arthur B. Emmons, 3rd)가 동석했다. 한국측 배석자는 없었
다. 이날의 면담은 회담이라기 보다는 미국이 대일평화조약과 관련해 한국측
에 중요 결정사항을 통보하는 자리였다.[82]

첫째 미국은 한국에 최신 대일평화조약 초안(1951. 7. 3)을 수교했다. 이는 제
3차 영미합동초안으로 관련국에 송부되었고, 언론에 공개된 최초의 조약초안
이었다. 덜레스는 조약초안 사본이 무초대사를 통해 동시에 한국정부에도 송
부되었음을 알렸다. 한국이 수령한 두번째 대일평화조약 초안이었다. 부산에

81 "Japanese Peace Treaty: Proposed Amendments with Comments," (undated), RG 59, John
    Foster Dulles File, Lot 54D423, Box 12, Folder "Treaty Drafts, May 3, 1951".

82 Memorandum of Conversation (1951. 7. 9), Subject: Japanese Peace Treaty, RG 59, Japanese
    Peace Treaty Files of John Foster Dulles, 1946-52, Lot 54D423, Box 8; RG 59, Department of
    State, Decimal File, 694.001/7-951.

서는 7월 10일 오후 주한미대사관의 라이트너참사관이 변영태외무장관에게 초안사본을 수교했다.[83] 이 평화조약 초안은 7월 9일 대일교전국가들에게 모두 송부되었다. 이 시점에서 미국이 한국에 새로운 조약초안을 제공한 이유는 한국의 조약참가·서명국 자격을 부여하지 않은 대신, 일본과의 양자조약 혹은 양자협정을 체결하라고 독려할 계획 때문이었다.

둘째 한국의 조약 서명국 자격이 부정되었다. 덜레스는 조약서명국은 일본과 교전상태에 있던 국가들 및 1942년 1월 유엔선언, 즉 대서양헌장의 서명국에 국한된다는 이유를 제시했다. 이미 한국의 조약 서명국 자격 배제는 1951년 5~6월 사이에 결정된 바 있다. 덜레스는 한국은 다른 국가들과 동등하게 조약의 모든 일반 조항의 이익을 향유하게 될 것이라고 했다. 이에 대해 양유찬대사는 "대한민국이 서명국가에 포함되지 않은 것은 놀라운 일"이라며, 임시정부의 대일선전포고 및 교전상황을 거론했다. 동석한 피어리는 미국이 임시정부를 승인하지 않았다는 점을 지적했다.

셋째 한국의 대마도 반환요구가 기각되었다. 양유찬대사는 대마도가 한국에 주어진다는 점이 조약에 명기되었느냐고 질문했지만, 덜레스는 "일본은 아주 장기간에 걸쳐 대마도를 완전히 통치해왔다"며 대마도가 일본의 인접 소도서로서 일본령임을 확인했다.

넷째 맥아더라인문제가 논의되었다. 양유찬대사는 한국 연해에서 일본 어선을 제한하는 조항이 포함되지 않으면, 장래 한일간의 분쟁의 근원이 될 것

---

83 「한국 외무장관의 정전에 관한 견해」(1951. 7. 10) 『미국 국무부 정책연구과 문서(Documents of the Division of Historical Policy Research of the U. S. State Department, Korea Project File Vol. X) : 한국전쟁 자료총서』 35집 97쪽.

이며, 최근 맥아더라인을 침범한 일본어선 34척을 한국 해군이 나포한 바 있다고 지적했다. 이에 대해 덜레스는 대일평화조약에는 "특정한 공해상"의 어업문제를 다루는 조항이 포함되지 않는다며 거부했다. 덜레스는 국가간 어업이익과 관련된 많은 문제가 있기에 이런 조항을 넣으면 조약 체결이 심각하게 지연될 것이라고 했다. 이 문제해결을 위해 태평양연안 국제어업회담을 여는 편이 나으리라고 조언했다. 덜레스는 조약문에 일본어업에 대해 특정 제약 조항을 삽입하라는 다양한 압력이 미국과 캐나다수산업계를 포함한 여러 곳에서 국무부에 쏟아지고 있다고 했다. 이와 함께 덜레스는 베르사유의 사례를 들며 제약적 조약(restrictive treaty)이 바람직하지 않다고 지적하며, 러시아가 일본에서 서방을 몰아내려는 위협 때문에 온건하고 실행가능한 대일조약이 바람직하다고 했다. 동석한 에몬스는 "공해상 어업문제"와 관련해 한일간의 회담 혹은 관련 국가들과 일본간의 회담을 제안했다.

결국 1951년 7월 9일 미국은 한국정부의 답신(1951. 4. 27)에서 제기되었던 문제들 가운데 가장 중요한 한국의 연합국·조약서명국 자격, 대마도 반환, 맥아더라인 유지 등을 모두 기각한다고 한국측에 통보한 것이었다.

새로운 조약초안은 7월 12일 워싱턴에서 발표되었으며, 7월 14일을 전후해 한국언론에 보도되었다.[84] 한국언론들은 이를 대일강화조약초안(미·영공동초안)으로 불렀다. 외무부 정무국은 이 초안을 번역해 외교위원회를 비롯한 국제법 전문가들에게 송부했다. 현재 공개 외교문서나 국가기록원 문서철에서 관련문서를 발견할 수는 없지만 서울대학교 도서관의 雪松문고에 외교부 정무국인

---

84 『경향신문』 1951. 7. 14.

번역한 제3차 영미합동초안(1951. 7. 9)이 『對日講和條約第二草案』이라는 제목
으로 소장되어 있다.[85] 이 소책자가 지금까지 발견할 수 있는 유일한 대일평화
조약 초안이다. 이를 통해 외무부 및 외교위원회가 조약초안에 대한 전문가들
의 견해를 구했음을 알 수 있다.[86]

새로운 조약초안의 공표를 전후해 한국 내에서는 강한 우려가 제기되었다.
먼저 주한미대사 무초는 대일평화협정의 진전상태를 파악하기 위해 1951년 6
월 29일 라이트너(Lightner) 참사관을 동경에 보내 앨리슨(Allison)과 만나게 했
다. 무초는 협정초안을 보고 경악해 "협정 초안은 한국의 이해나 민감한 부분
들을 충분히 고려하지 않았다는 인상을 받았다. 한국은 분명 해방된 민족이고
일본은 예전의 적이다. (중략) 한국의 협상 지위는 정말로 배제"되어 있으며,
"한국에 대한 불합리한 취급"을 하고 있다고 비판했다.[87]

한국 언론은 1951년 7월 조약 초안의 가장 큰 문제로 두 가지를 지적했
다.[88] 첫째 한국의 연합국 자격이 부정되고, 한국은 일본에 의해 방기되는 지

---

85 外務部 政務局飜譯, 『對日講和條約第二草案』 서울대 도서관 雪松文庫 소장. 雪松은 서울대
    법대 교수였던 鄭光鉉의 호이다(서울대학교 부속도서관, 1974 『서울대학교 법률도서관 소장
    설송문고도서목록』).

86 외무부 정무국의 번역본은 번역상 일정한 한계를 지녔다. 예를 들어 한국관련 조항인 제2장
    영토 제2조⒜항을 번역함에 있어서 "권리(right)·권원(title)·청구권(claim)"을 "모든 권리"
    로 번역했다(外務部 政務局飜譯, 『對日講和條約第二草案』 3쪽). 이러한 번역은 외무부가 권
    리·권원·청구권이라는 항목의 국제법적 구별에 대해 익숙하지 않거나, 이러한 차이를 정확
    히 파악하지 못했음을 보여준다.

87 「1951년 7월 4일 주한 미대사, 대일강화조약 초안에 한국의 이해관계가 배제된 점에 대해
    우려 표명」『미국 국무부 정책연구과 문서(Documents of the Division of Historical Policy
    Research of the U. S. State Department, Korea Project File Vol. X): 한국전쟁 자료총서』 35집
    179~180쪽(국사편찬위원회, 2006 『자료대한민국사』 22권에서 재인용).

88 『민주신보』 1951. 7. 6.

역으로만 간주되었다는 사실이었다. 한국인들의 항일투쟁과 일제하에서의 수탈·억압은 전혀 인정되지 않았다. 둘째 일본에서 제기된 재한 일본인자산과 관련된 입장이었다. "한국은 일본의 일부였기 때문에 조약에 참가도 서명도 할 수 없으며 또한 한국에 있는 일본자산을 취득·유치·처분할 수 없다. 한국은 점령기간 중 일본에 구제물자를 보낸 일도 없고 대일경제원조를 한 일도 없기 때문에 전시청구권을 가질 수 없으며 따라서 한국은 일본자산을 반환할 의무가 있다"는 주장이 제기되었다는 것이다.[89]

부산에서는 외교위원회가 한국정부의 제2차 답신서를 작성하는 한편 강력한 성명과 시위를 통해 한국측 주장을 강화하려 했다. 외교위원회에서는 미국측 초안 가운데 한국의 이익과 관련해 3개 조항을 핵심적으로 다루었는데, 제2조 a항(영토), 제4조 a항(귀속재산), 제9조(맥아더라인) 등이었다. 이는 외교위원회에 참석했던 유진오가 1951년 7월『동아일보』에 발표한「對日講和條約 草案의 檢討」에 상세히 드러나 있다.[90] 한국 정부와 정계, 언론계에서 가장 관심을 가진 문제는 귀속재산의 처리문제, 그 다음은 맥아더라인의 유지문제였다. 영토문제는 큰 주목을 받지 못했다.

주목할 점은 한국정부가 제2차 답신서 준비과정에서도 이미 미국이 부인한 세 가지 요구 즉 (1) 한국의 조약서명국 자격, (2) 대마도 반환, (3) 맥아더라인 유지에 대해 온건한 기조로 요구를 지속했다는 점이다. 외교위원회가 제

---

89 『민주신보』 1951. 7. 6.
90 俞鎭吾,「對日講和條約案의 檢討」全7回『東亞日報』1951. 7. 25, 7. 27~31; 俞鎭吾, 1963『民主政治에의 길』일조각 272~289쪽. 이하에 인용하는 조약초안의 한글번역문은 유진오의 해석을 따른 것이다.

2차 답신서를 작성하는 과정에서 논의된 문제들은 공개 외교문서나 국가기록원 문서철에서 발견되지 않는다. 유진오가 남긴 여러 종류의 신문 기고문과 회고록이 남아있을 뿐이다.

첫째 귀속재산의 문제는 제3차 영미합동초안 제4조 a항에 포함되어 있었다.

[귀속재산문제] 조약초안(1951. 7. 3) 제4조 a항 : 제2조와 제3조에 언급된 지역(한국, 대만, 팽호도, 千島열도, 사할린, 태평양 諸島 : 인용자)에 있는 일본인과 일본인의 재산 및 상기 지역을 현재 관리하는 당국과 그 주민(법인을 포함)에 대한 일본과 일본인의 청구권(채무관계를 포함)의 처리, 그리고 상기 당국과 주민의 재산 및 일본과 일본인에 대한 청구권(채무관계를 포함)의 일본에 있어서의 처리는 일본과 상기 당국간의 특별한 협정에 의하여 결정한다.

한국정부는 이미 한국에 이양 완료된 귀속재산문제를 일본정부와 특별협정을 통해 해결하라는 것은 한국의 독립을 일본의 운명에 맡기라고 한 것과 다를 바 없다고 우려했다. 유진오는 미군정 법령 제33호(1945. 12. 6)로 한국 전재산의 80~90%를 점하는 귀속재산은 미군정청에 귀속·소유되었고, '한·미간의 재정 급 재산에 관한 최초협정'(1949. 1. 18 조약 제1호)에 의해 한국정부로 그 권리·명의·이익이 양도되어, 한국정부가 완전한 소유권을 이미 취득했다고 판단했다. 일본과 협의할 문제가 아니라는 것이었다.[91]

91 유진오, 1966 위의 글 94쪽.

한국정부가 우려한 최악의 사태는 ① 한국은 일본과 전쟁상태에 있지 않았다, ② 한국은 연합국이 아니다, ③ 따라서 한국은 일본으로부터 배상받을 자격이 없고, 따라서 한국은 재한일본재산을 취득할 권원이 없다, ④ 한국이 일본으로부터 배상을 받는다 하여도 배상이란 전쟁에 의해 그 국민이 받은 손해를 보상하는 것이므로 한국이 일본으로부터 받을 금액은 많지 않으며, 따라서 막대한 금액에 달하는 재한일본재산 중 한국이 받을 금액을 제한 차액은 일본에 반환하여야 된다는 등의 주장에 직면하는 것이었다. 유진오는 이에 맞서 한국은 한일합방조약의 불법성을 강조하고, 일제하 침략의 고통·손해에 대한 배상을 요구해야 하며, 일본인의 재산은 일본인에 대한 특권적 보호와 한국인에 대한 차별적 대우로 형성된 일종의 약탈재산임을 강조해야 한다고 결론지었다.

둘째 맥아더라인 문제는 제3차 영미합동초안 제9조에 포함되어 있었다.

> [맥아더라인] 조약초안(1951. 7. 3) 제9조 : 공해에 있어서의 어로의 규제 또는 제한 및 어업의 보호와 발전을 위하여 일본은 일본과 협정을 체결하기를 희망하는 연합국과 조속히 교섭을 시작한다.

맥아더라인과 관련해 한국은 기성의 맥아더라인을 유지한다는 조항을 제9조에 삽입하라고 주장했다. 변영태장관은 "양국간 漁區를 명확히 하여주는 맥아더선은 我國 경제에 지대한 관계"가 있다고 지적했고,[92] 유진오 역시 맥아더

---

92 『경향신문』1951. 7. 17; 『동아일보』1951. 7. 18.

샌프란시스코평화조약의 한반도관련 조항과 한국정부의 대응

라인이 폐지되면 아시아의 모든 바다가 거의 일본 어선단에 독점되고, 한국이 가장 큰 피해를 볼 것이라고 지목했다.

셋째 영토문제는 제3차 영미합동초안 제2조 a항에 포함되었다.

[영토문제] 조약초안(1951. 7. 3) 제2조 a항: 일본은 한국의 독립을 승인하며, 제주도·거문도 및 울릉도를 포함하는 한국에 대한 모든 권리·권원 및 청구권을 포기한다.

한국이 수교한 최초의 대일평화조약 초안(1951. 3)의 영토규정이 "일본은 한국, 대만, 팽호도에 대한 모든 권리, 권원, 청구권을 방기한다"였던데 비해 큰 변화가 생긴 것이다. 한국과 관련해서 첫째 일본이 한국의 독립을 승인한다는 규정이 새로 들어갔으며, 둘째 한국의 부속 도서로 제주도·거문도·울릉도가 거론되었다. 첫째와 관련해 한국은 이미 독립했는데, 대일평화조약에 일본이 '독립을 승인한다'는 조항이 들어가면, 이미 독립한 사실과 유엔·각국의 승인을 부정하는 결과를 초래하기에, 한국의 독립은 일본이 포츠담선언을 수락한 1945년 8월 9일이 되어야 한다는 견해가 제기되었다.[93] 둘째 문제와 관련해 한국에는 수백·수천 개의 부속도서가 존재하는데, 단지 세 개의 섬만이 거론된 것을 문제로 지적했다. 나머지 섬들은 어떻게 표시할 것이며, 이 섬들만 한국에 반환되고 나머지 섬들은 여전히 일본영토로 남아있는 것이라는 '臆說'이 제기될지도 모른다는 것이었다. 때문에 의문의 여지없이 이 조문을 개정할 필

---

93 유진오는 적산처리에 관한 군정법령 제33호(1945. 12. 6)의 기점이 1945년 8월 9일이라는 사실을 지적했다(兪鎭午, 1963「對日講和條約 草案의 檢討」『民主政治에의 길』一潮閣 276~277쪽).

요가 있다고 했다.[94] 유진오는 외교위원회의 중심인물이었는데, 그가 1951년 당시에 작성한 기사에서 조차 독도의 지명이 잘못 표기되어 언론에 공표되었다. 독도(獨島)는 덕도(德島)로, Liancourt Rocks는 Yiancourt Rocks로 오기되어 있다. 외교위원회의 핵심인물이었던 유진오조차 독도에 대한 인식과 정보가 현저히 부족한 상황이었음을 보여준다. 유진오는 한일분쟁을 방지하기 위해 독도를 명기해야 한다고 했는데, 이는 최남선의 영향에 따른 것이었다. 유진오의 회고에 따르면 미국 초안과 관련해 제1착으로 찾아간 것이 최남선이었으며, 그의 조언에 따라 대마도 대신 독도와 파랑도를 요구하게 되었다.[95] 최남선은 외교위원회 위원이었던 동아일보 사장 최두선의 형이었으며, 1948년 우국노인회가 맥아더에게 보낸 독도·파랑도·대마도의 영유권을 주장하는 문서의 작성자였다. 최남선의 조언과 유진오의 판단에 따라 결국 한국정부는 영토문제와 관련해 독도와 파랑도를 요구하기로 결정했던 것이다.

1951년 대일평화조약의 진행과정에서 국내 언론에는 유진오가 『동아일보』에 연재한 기사 외에 독도 및 파랑도에 관한 기사가 등장하지 않았다. 한국에게 가장 중요한 조약 참가 및 서명국 지위가 부정되고, 이어 귀속재산의 처리라는 중대한 문제가 등장함에 따라 모든 관심은 두 가지 점에 집중되었다. 그 다음은 맥아더라인의 유지였으며, 독도·파랑도 등 영토문제는 상대적으로 사소하게 취급되었고, 국민적 관심사가 되지 못했다. 또한 1947~48년간 축적된 과도정부·조선산악회의 독도관련 조사 자료·인식들은 한국정부 당국에 전달

---

94 俞鎭吾, 「對日講和條約案의 檢討」 제1회 『東亞日報』 1951. 7. 25.
95 俞鎭吾, 1966 「韓日會談이 열리기까지: 前韓國首席代表가 밝히는 十四年前의 곡절」 上 『思想界』 2월호 96쪽.

되지 않았고, 또한 미국정부와 주미한국대사관에 적극적으로 소개·전달되지 않았다.

유진오는 외교위원회의 논의경과와 한국정부의 제2차 답신서 작성경과를 1951년 7월『동아일보』에 7회에 걸쳐 연재했지만, 실제 미국무부에 전달된 것은 1쪽 짜리 비망록이었다. 어떤 논의 경과를 거쳐 어떤 결정이 취해졌으며, 답신서 작성과 미국 전달의 경과가 어떤 것이었는지를 보여주는 기록은 공개 외교문서와 국가기록원 문서철에서 찾을 수 없다. 국가기록원이 소장하고 있는『국무회의록』에 대일강화회의와 관련한 간단한 국무회의 보고 및 대통령 유시사항 정도만이 현재 확인할 수 있는 한국측 공기록이다.

- 제128회 국무회의(1950. 12. 1) : 외무부 「대일강화조약 준비위원회 규정안」: "3계단으로 나노아 준비안을 작성하기로 의결하다"[96]

- 제80회 국무회의(1951. 7. 6) : 외무부 보고 "대일강화회의 한국참가에 관한 주장내용 등에 관하여 보고하다"[97]

- 제83회 국무회의(1951. 7. 17) : 외무부 보고 「대일강화조약안 수정안」, "원안대로 의결하다"[98]

- 제92회 국무회의(1951. 8. 17) : 국무총리 보고 「대일 강화회의에 관한 건」: "(1) 귀속 재산문제는 한국 수정 요청대로 실현되기로 되여 있음. (2) 대일강화회의 참가문제

---

96   제128회 국무회의록(1950. 12. 1)
97   제80회 국무회의록(1951. 7. 6)
98   제83회 국무회의록(1951. 7. 17)

"맥아더 라인"문제는 한국수정 요청이 용납되지 못한 듯 하다"[99]

- 제93회 국무회의(1951. 8. 21): 대통령 유시 「대일 강화회의에 한국대표 파견에 관한 건」: "만약 우리 정부가 정식으로 대일강화회의에 참가하지 못한다 하더라도 梁대사(주미대사 양유찬)를 수석으로 몇사람을 대동시켜 "옵서버"로라도 반다시 참석시킴이 可하다."[100]

- 제97회 국무회의록(1951. 9. 4): 대통령 유시 「대일강화회의 한국사절단 상항 체류에 관한 건」: "대일강화회의 한국사절단 3인이 현금 상항 "푸레메린 호텔"에 체류중이다."[101]

이 문서들의 세부적 보고내용이나 국무회의 토의경과는 기록되어 있지 않다. 때문에 정확한 논의과정과 결정과정을 알 수는 없다. 다만 한국정부가 1950~51년간 대일평화조약 준비를 진행했으며, 국무회의에서 보고·결정할 정도의 중요한 사안으로 취급했다는 사실만은 확인할 수 있다.

한국정부의 제1차 답신서(1951. 4. 27)과 제2차 답신서(1951. 7. 19) 영어 원본은 미국립문서기록관리청에 소장되어 있다. 외교위원회의 사본이나 한글문서는 발견되지 않고 있다.

6) 제2차 한미협의(1951. 7. 19)와 독도문제의 대두

1951년 7월 19일 오후 2시 양유찬 주미대사는 한표욱 1등서기관을 대동하

---

99 제92회 국무회의록(1951. 8. 17)
100 제93회 국무회의록(1951. 8. 21)
101 제97회 국무회의록(1951. 9. 4)

고 국무부의 덜레스특사와 만났다. 양유찬대사는 1951년 7월 19일자로 된 레터사이즈(letter size) 1쪽 짜리 답신서, 즉 한국정부의 제2차 답신서를 수교했다. 간략한 2차 답신서에서 한국정부는 3가지 항목에 대한 수정을 요구했다.

1. 제2조 a항: (일본은 한국의 독립을 승인하며, 제주도·거문도 및 울릉도를 포함하는 한국에 대한 모든 권리·권원 및 청구권을) "포기한다"를 "(일본은) 1945년 8월 9일 한국 및 제주도, 거문도, 울릉도, **독도 및 파랑도**를 포함하는 일본의 한국병합 이전에 한국의 일부분이었던 도서에 대한 모든 권리, 권원, 청구권을 포기함을 확인한다"로 수정할 것.

2. 제4조 a항: 이 조항은 한국 내 귀속재산이 태평양 연합국총사령관의 결정을 통해 일본 패전 뒤 대한민국에 법적으로 이양되었으며, 3년 뒤 1948년 9월 11일자 대한민국과 주한미군정 간의 경제 및 재정협정에 따라 확증된 사실에 영향을 주지 못한다는 점을 지적함.

3. 제9조: 제9조 뒤에 "이런 협정의 결론이 내려지기까지, 맥아더라인과 같이 현존하는 실체는 효력을 유지할 것"이라는 조항을 삽입할 것(강조·괄호 인용자).[102]

즉 한국정부는 제1차 답신서에서 요구했던 가장 중요한 주장 가운데 첫째 연합국 지위 부여와 대마도 요구라는 2가지 주장을 중단했고, 둘째 맥아더라인 유지를 계속 주장했고, 셋째 새로운 주장으로 영토조항에서 독도·파랑도

---

[102] You Chan Yang, Korean Ambassador to Dean A. Acheson, Secretary of State (1951. 7. 19), RG 59, Japanese Peace Treaty Files of John Foster Dulles, 1946-52, Lot 54D423, Box 8; RG 59, Department of State, Decimal File, 694.001/7-1951.

문제를 특정했고, 재한일본인 귀속재산의 한국 소유 확인을 제시한 것이다.

한국정부의 제2차 답신서(1951. 7. 19)는 레터사이즈 1쪽 분량으로 제1차 답신서(1951. 4. 27)가 리걸 사이즈(legal size) 8쪽 분량이었던 것에 비해서는 물론이고, 외교위원회에서 논의된 내용에 비해서 현저히 적은 분량이었으며, 한국정부의 입장을 증명할 수 있는 세부적 논리와 배경정부를 담은 첨부자료도 포함되지 않았다. 제2차 답신서에서 한국정부의 최급선무는 귀속재산 처리문제였으며, 맥아더라인 유지는 지속된 주장이었던 반면 영토문제에 있어서 대마도 요구가 철회된 대신 새롭게 독도·파랑도 요구가 제시된 것이다. 즉 독도문제는 우선순위가 낮게 취급되었으며, 정치적 주장이자 영토할양으로 해석된 대마도 요구가 기각된 다음에 제기되었으며, 정확한 경도·위도가 미상이었던 신비의 섬 파랑도와 함께 제시되었던 것이다.

7월 19일의 한미협의가 시작되자 덜레스는 먼저 첫 번째 요구와 관련해 조약에 일본이 특정 영토를 한국에 방기한다고 확인하는 방식에 의문을 제기했다. 덜레스는 1945년 8월 9일자 일본의 항복이 영토문제의 공식적이고 최종적 결정이 되지는 않는다고 덧붙였다. 그렇지만 국무부가 1945년 8월 9일자로 일본이 영토적 권리(territorial claims)를 방기한다는 소급적 취지의 조항을 조약에 포함시킬 수 있을지 검토해보겠다고 했다. 덜레스는 첫번째 요구에 대마도가 언급되지 않은 사실을 지적했고, 양유찬대사는 대마도가 생략되었음에 동의했다. 대화는 곧 독도와 파랑도로 이어졌다.

덜레스는 독도와 파랑도 두 섬의 위치에 대해 질문했다. 한(표욱)은 이 두 개의 작은 섬들이 일본해에 위치하고 있으며, 대체적으로 울릉도 인근에 위치하는 것으로 믿

<u>는다고 말했다.</u> 덜레스는 이 섬들이 일본의 병합 이전에 한국령이었는지를 문의했고, 이에 대해 (양)대사는 그렇다고 대답했다. 덜레스는 만약 그렇다면 일본의 한국영토에 대한 영토적 권리를 방기하는 관련 조약부분에 이들 섬들을 포함시키는데 아무 문제가 없을 것으로 본다고 했다(강조 인용자).[103]

이것이 대일평화조약과 관련해 진행된 한미협의 과정 속에서 최초로 독도가 거론된 순간이었다. 한표욱은 독도와 파랑도가 울릉도 인근에 위치한다고 함으로써 이 섬들에 대한 최소한의 지리적 정보조차 확인하지 못한 상태였음을 보여주었다. 1947~48년간 국내의 독도조사, 독도폭격, 제헌헌법 등을 통해 강조된 독도정보는 전혀 전달되지 않았다. 주미한국대사관이 독도와 파랑도에 대한 주장을 했지만 구체적 근거는 확보하지 못한 상황 속에서 이후 사태는 급속도로 진행되었다.

두 번째 요구와 관련해 덜레스는 귀속재산의 한국정부 이양에 대해 미국이 충분히 동감하고 있으며, 국무부가 이 문제를 연구해보겠다고 했다.

세 번째, 맥아더라인과 관련해 덜레스는 맥아더라인의 유지조항을 조약에 넣을 수 없다고 못박았다. 덜레스는 미국 수산업자들의 압력이 거세서 대일평화조약을 태평양지역 어업협정으로 만들 지경이라고 토로했다. 덜레스는 이 문제는 대일평화조약 체결후 일본과 타국간의 양자·다자간 조약으로 해결해야 한다고 했다.

이어 양유찬대사가 임시정부의 제2차 대전기 대일투쟁과 선전포고 등에 기

---

103 Memorandum of Conversation, Subject: Japanese Peace Treaty (1951. 7. 19), RG 59, Department of State, Decimal File, 694.001/7-1951.

초해 조약서명국 자격을 요청했지만, 덜레스는 1942년 유엔선언에 서명한 국가만이 평화조약 서명국이 될 수 있다고 답했다. 덜레스는 1948년 수립된 한국을 조약 서명국에 포함시키면 한국과 동일한 서명국 자격을 요청하는 국가들 때문에 상황이 복잡하고 합의가 어려워질 것이라고 했다. 덜레스는 이러한 자격제한이 한국에 대한 미국의 관심 부족, 온전한 동정 부족 때문이 아니며, 또한 한국을 모욕할 의사가 있는 것이 아니라며, 한국에 대한 심심한 위로와 동정을 표했다. 마지막으로 양유찬은 미국이 한국에 조약서명국 지위를 부여한다면, 한국정부가 두 번째·세 번째 요구를 기각할 지도 모르겠다고 농담조로 말했으나 덜레스의 위로를 듣는 것으로 협의를 종료했다.

제2차 한미협의(1951. 7. 19)를 전후한 시점에서 미국무부 내에서는 독도문제가 논의되기 시작했다. 국무부의 최고 지리전문가로 정보조사국(OIR: Office of Intelligence and Research) 지리담당관(GE: Geographer)이던 새무얼 보그스(Samuel W. Boggs)가 이 문제를 맡고 있었다. 보그스는 1951년 7~8월 사이 독도에 대한 3건의 문서를 작성했는데, 국무부 대일평화조약 실무진이 작성한 유일한 독도관련 보고서들이다. 2건은 한미협의 이전에 작성되었고, 1건은 독도·파랑도의 존재를 확인하기 위해 한미협의 이후에 작성되었다.

보그스의 첫 번째 보고서는 1951년 7월 13일 작성되었다. 보그스는 국무부 동북아시아국 피어리(Robert A. Fearey)의 요청에 따라 南沙群島(Spratly Island)·西沙群島(Paracel Islands)·리앙쿠르암(Liancourt Rocks=독도)에 대한 정보를 제공했다. 보그스는 독도문제에 대해 이렇게 정리했다.

2. 리앙쿠르암(Liancourt Rocks)

1949년 조약 초안에는 일본이 한국에게 권리를 포기할 섬들 가운데 리앙쿠르암(다케시마)이 들어있었다. 1947년 6월 일본 외무성이 간행한 「일본영토에 인접한 소도서」라는 제목의 출판물 제4부에는 리앙쿠르암이 포함되어 있다. 따라서 조약초안 중 (2조) 다음에 일정한 형식으로 이를 특정해서 언급해주는 것이 바람직할 것이다.

(a) 일본은 한국의 독립을 승인하며, 제주도, 거문도, 울릉도 및 <u>리앙쿠르(추가부분)를</u> <u>포함해</u> 한국에 대한 모든 권리, 권원, 청구권을 방기한다(강조 인용자).[104]

보그스의 답신에서 다음과 같은 세 가지 점을 알 수 있다. 첫째 미 국무부의 지리전문가는 리앙쿠르암(독도)이 한국령이며, 대일평화조약에서 한국령으로 포함되어야 한다는 견해를 분명하게 밝혔다. 둘째 보그스는 1947년 6월 일본 외무성이 작성한 영토 팸플릿 「일본영토에 인접한 소도서 Ⅳ: 태평양 소도서, 일본해 소도서(Minor Islands Adjacent to Japan Proper, Part IV: Minor Island in the Pacific, Minor Islands in the Japan Sea)」에 리앙쿠르암이 일본령으로 표기되어 있음을 인지하고 있음에도 불구하고 한국령으로 특정할 것을 제안했다. 또한 이 영토 팸플릿이 국무부 지리전문가 등의 주요 참고자료가 된 점을 알 수 있다. 셋째 독도의 귀속여부가 논란의 대상이 되었으며, 보그스와 같은 지리전문가도 리앙쿠르암의 한국 이름이 독도인 것을 알지 못했다.

보그스의 두 번째 보고서는 1951년 7월 16일 작성되었다. 보고서의 내용은

---

104 Memorandum by Boggs, OIR/GE to Fearey, NA, Subject: Spratly Island and the Paracels, in Draft Japanese Peace Treaty, July 13, 1951. RG 59, Department of State, Decimal File, 694.001/7-1351.

7월 13일자와 거의 동일하지만, 이 문서에서는 일본의 근거들이 보다 상세하게 인용되었고, 대일강화조약 초안에서 독도의 영유권이 한국·일본을 오고가고 있던 상황을 분명히 지적했다.

2. 리앙쿠르암(Liancourt Rocks)

1949년 대일조약 초안 중 하나에 따르면 리앙쿠르암(다케시마)은 한국에 방기될 예정이었다; 거의 동일한 시기의 또 다른 초안에는 일본이 보유하게 될 지역으로 지명되었다. 1947년 6월의 「일본영토에 인접한 소도서」 제4부라는 제목의 일본 외무성 출판물에는 "리앙쿠르암(다케시마)"이 포함되어 있는데 다음과 같이 지적하고 있다.

"다줄렛(Dagelet : 울릉도)에 대해서는 한국명칭이 있지만, 리앙쿠르암에 대해서는 한국명이 없으며, 한국에서 제작된 지도에서 나타나지 않는다는 사실을 특기해야 한다."

만약 이 섬을 한국에 주도록 결정한다면, 제2조 (a)항 끝에 "및 리앙쿠르암"이라고 추가하기만 하면 될 것이다.[105]

이 보고서는 특히 일본 외무성의 영토 팸플렛이 적시한 바 독도에 관해 한국이름이 없으며, 한국에서 제작된 지도에 독도가 등장하지 않는다는 명백한 거짓말과 허위정보를 담은 부분을 인용하고 있다. 리앙쿠르암의 일본명칭이 다케시마라는 점이 적시되었지만, 한국명칭이 독도라는 정보는 파악하지 못했다. 보그스는 일본이 제공한 정보들에도 불구하고 리앙쿠르암이 한국령이라고

---

105 Memorandum by Boggs, OIR/GE to Fearey, NA, Subject: Spratly Island and the Paracels, in Draft Japanese Peace Treaty, July 16, 1951. RG 59, Department of State, Decimal File, FW694,001/7-1351.

판단했다.

보그스의 세 번째 보고서는 7월 31일에 작성되었다. 한국정부가 제2차 답신서(1951. 7. 19)를 통해 독도·파랑도의 한국영유를 주장했기 때문이다. 보그스는 한국이 주장한 독도·파랑도에 대해 "우리들이 생각해낼 수 있는 워싱턴에 있는 모든 자료들을" 찾아보았지만, 두 섬 모두를 확인할 수 없었다.[106] 보그스는 리앙쿠르암의 일본명이 다케시마인 것을 확인했지만, 한국명이 독도인 것은 확인하지 못했다. 결국 보그스는 독도·파랑도의 지리적 정보를 확인할 수 없다는 보고서를 작성했다.

그러나 보그스는 내심 독도가 리앙쿠르암(다케시마)이라는 판단을 내린 것으로 보인다. 피어리는 7월 30일 작성한 보고서에서 독도·파랑도에 대한 보그스의 조사상황을 다음과 같이 기술하고 있다.[107]

독도와 파랑도 섬에 대해, 국무부 지리담당관인 보그스씨에 따르면 독도는 다케시마라고 하며, 1905년에 일본이 영유권을 공식 주장했으며, 한국측 항의가 없었음이 명백하고, 한국은 그 이전에도 영유권을 결코 주장하지 않은 듯 하다. 보그스씨는 파랑도라는 이름으로는 특정 섬을 확인할 수 없었지만, 그 섬이 울릉도 인근에 있다는 양(유찬)대사의 믿음에 비추어 추가 조사를 하고 있다. 그는 또한 독도와 파랑도가 병합

---

106 Memorandum by S. W. Boggs, OIR/GE to Robert A. Fearey, NA. Subject: Parangdo and Dokdo (Islands) July 31, 1951. RG 59, State Department, Records Relating to the Japanese Peace and Security Treaties, 1946-1952, Lot 78D173, Box 2, Folder "Protocol (Notes & Comments)-Japan, July-September 1951"

107 Memorandum by Fearey to Allison, Subject: Proposed Changes for August 13 Draft, July 30, 1951. RG 59, Records Relating to the Japanese Peace and Security Treaties, 1946-1952, Lot 78D173, Box 2, Folder "Protocol (Notes & Comments)-Japan, July-September 1951"

이전 한국령이었다는 대사의 발언에 비추어 독도와 파랑도의 역사를 추가 조사하고 있다.[108]

이상과 같이 보그스는 1951년 7월 독도에 관한 3건의 보고서를 작성했는데, 전반적으로 일본 외무성의 영토 팸플릿의 정보에 많이 의존하는 상황 속에서 리앙쿠르암이 독도라는 사실을 확인하지 못했고, 독도·파랑도에 대한 지리적 정보를 확인하지 못했다. 보그스는 리앙쿠르암을 한국령으로 표시하는 것이 바람직하다(1951. 7. 13), 리앙쿠르암을 한국령으로 결정한다면 조약문을 수정해야 한다(1951. 7. 16), 리앙쿠르암에 대해 한국명·한국지도 표시가 없으며 독도·파랑도의 위치를 확인할 수 없다(1951. 7. 31)는 보고서를 작성했다. 전반적으로 한국정부가 독도·파랑도에 대한 정확한 정보를 제공하지 못하는 상황 속에서 국무부 지리전문가를 비롯한 실무진들은 독도에 대해 거의 유일한 참고자료인 일본 외무성의 영토 팸플릿(1947. 6)의 진술을 의지하게 된 것이다.

7) 한국정부의 제3차 답신서(1951. 8. 2)와 미국무부의 독도문제 조사

국무부 지리전문가가 한국정부 제2차 답신서에 제시된 독도·파랑도에 관한 지리적 정보를 확인하지 못하는 상황 속에서 1951년 8월 미국무부의 관리들은 대일평화조약 최종초안의 성안을 앞두고 미진한 문제들에 대한 신속한 판단을 하기 시작했다. 미국무부 실무진들은 독도에 대한 최종 확인작업에 돌입했다.

---

108 Memorandum by Fearey to Allison, Subject: Proposed Changes for August 13 Draft, July 30, 1951. p.3.

보그스가 독도·파랑도에 대한 위치확인에 실패하자, 피어리는 주미한국대사관에 문의할 것을 결정했다. 피어리는 보그스의 보고서를 받은 후, 국무부 한국담당자에게 한국대사관의 누구에게든 이 섬들이 어디에 있는지 알아봐 줄 것을 부탁했다. 이후 프렐링하이즌(Noel Frelinghuysen)은 이렇게 보고했다.

대사관의 한 관리가 나에게, 자신들은 독도가 울릉도 인근, 혹은 다케시마 암 인근에 있다고 믿으며, 파랑도 역시 그렇다고 생각한다고 말했다(강조 인용자).[109]

독도가 다케시마암 인근에 있다는 주미한국대사관 직원의 발언은 독도의 일본명이 다케시마, 국제적 호칭이 리앙쿠르암이라는 사실조차 인식하지 못하고 있었음을 의미했다. 7월 19일 한표욱이 덜레스에게 말한 독도·파랑도가 울릉도 인근에 존재한다는 주장에서 한 걸음 더 어긋난 것이었다. 주미한국대사관의 관리들이 독도·파랑도에 대한 지식이 전무했다는 점을 확인할 수 있다. 이로 미루어 외무부 외교위원회의 조사, 논의과정, 관련 자료들이 전혀 워싱턴으로 전달되지 않았음을 알 수 있다. 한국 대표단은 증빙자료는 물론 좌표조차 제시하지 못했고, 사실과 다른 허위 정보를 제공하기에 이른 것이다.

이 시기 한국정부의 최대 관심사는 귀속재산문제였으며, 그 다음은 맥아더라인이었다. 워싱턴 주미한국대사관은 정보가 결여되어 있었고, 피난수도 부산의 한국정부는 독도보다는 다른 정치·경제적 의제에 관심을 갖고 있었다.

전반적으로 한국은 적산문제의 해결, 맥아더라인의 유지에 초점을 두었고,

---

109 Memorandum by Fearey, NA to Allison, Subject: Islands, August 3, 1951, RG 59, Japanese Peace Treaty Files of John Foster Dulles, 1946~52, Lot 54D423, Box 8.

영토문제에 대해서는 독도를 거론하지만 여전히 대마도 문제를 정치적 지렛대나 선전도구로 활용하고 있었다.

주미한국대사관은 1951년 8월 2일 한국정부의 제3차 답신서를 제출했다. 이는 1951년 7월 19일자 제2차 답신서를 보충하는 것이었다. 제3차 답신서는 레터사이즈 1쪽 분량의 편지로, 한국정부의 추가 요청은 모두 3개 조항이었다.

- 제4조 : 일본은 한국 내 일본·일본국민의 재산과 한국·한국민에 대한 일본·일본국민의 청구권을 1945년 8월 9일 현재로 방기한다.
- 제9조 : 맥아더라인은 이러한 협정이 결론지어질 때까지 존속된다.
- 제21조 : 그리고 한국에 현재 조약의 제2, 9, 12, 15조 a항의 이익이 주어진다.[110]

제3차 답신서는 대일평화조약과 관련해 한국정부가 의견을 개진할 수 있는 마지막 기회였다. 재한 일본인의 귀속재산에 대한 청구권 방기, 맥아더라인이 강조되었음을 알 수 있다. 영토문제와 관련해 제1차 답신서의 대마도 주장, 제2차 답신서의 독도·파랑도 주장이 사라졌음을 알 수 있다. 한국의 조약 참가·서명국 지위 요구도 더 이상 제시되지 않았다.

무초 주한미대사의 보고에 따르면 한국정부는 이미 7월 27일 무초대사에게 한국정부의 제3차 답신서를 전달했다. 제3차 답신서의 초안은 국무회의 의결을 거쳐 확정된 것으로, 3개 수정제안을 담고 있었다.[111] 무초에 따르면 답신

---

110   Letter by You Chang Yang to Dean G. Acheson, August 2, 1951. RG 59, Japanese Peace Treaty Files of John Foster Dulles, 1946–52, Lot 54D423, Box 8.

111   Incoming Telegram, Pusan no.84, Muccio to the Secretary of State, July 27, 1951, RG 59,

서의 내용은 새로운 것이 아니며, 귀속재산 문제인 4조 (a)항의 수정이 강력히 요청되었다. 즉 한국정부가 만든 제3차 답신서는 7월 27일 무초에게 전달되는 동시에 8월 2일 덜레스에게 제출된 것이었다.

독도·파랑도와 관련해 국무부 실무자가 획득할 수 있는 정보가 현저히 부족했기 때문에, 국무부는 1951년 8월 7일 무초 주한미대사에게 도움을 요청했다.

> 덜레스가 무초에게
>
> 우리 지리담당관이나 한국대사관 모두 독도와 파랑도를 확인할 수 없었다. 따라서 (이 섬의 위치에 대해) 즉각 (정보를) 들을 수 없다면, 이들 섬에 대한 한국 주권을 확인해 달라는 한국측의 이 제안을 고려할 수 없다. 애치슨(괄호 인용자).[112]

주한미대사관은 이 전문을 받은 후 곧바로 8월 8일 답신을 보냈다.

> 8월 8일자 [미]대사관 전문 제135호는 독도(일본명 다케시마)가 북위 37도 15분, 동경 131도 53분에 위치한다고 했다. 덧붙이기를 [한국]외무부가 조약[초안]에 파랑도를 포함시키라는 요구를 철회했다고 덧붙였다([ ]는 인용자).[113]

Japanese Peace Treaty Files of John Foster Dulles, 1946-52, Lot 54D423, Box 8.

112 Outgoing Telegram by Secretary of State(Acheson) to Amembassy, Pusan(Muccio), August 7 1951; 이석우편, 2006 『대일강화조약자료집』 동북아역사재단 254쪽; "Treaty Changes" August 7, 1951, RG 59, Records Relating to the Japanese Peace and Security Treaties, 1946-1952, Lot 78D173, Box 2, Folder 7.

113 Subject: Correspondence regarding Tokto, Island claimed by Korea, October 14, 1952, RG 84, Entry 2846, Korea, Seoul Embassy, CGR 1953-1955, Box 12; 국사편찬위원회, 2008 『독

1951년 8월 8일자 주한미대사관의 보고는 2가지 사실을 정리했다. 첫째 독도는 일본명 다케시마로 북위 37도 15분, 동경 131도 53분에 위치한다. 둘째 한국은 파랑도에 대한 요구는 철회했다. 영토문제에 대한 한국정부의 제1차 답신서(1951. 4. 27), 제2차 답신서(1951. 7. 9), 제3차 답신서(1951. 8. 2)는 혼동스러운 것이었다. 제1차 답신서에서는 대마도의 반환을 요구했고, 제2차 답신서에서는 독도와 파랑도의 영유를 요구했고, 제3차 답신서에서는 어떤 요구도 제시하지 않았다. 제2차 한미협의(1951. 7. 19) 과정에서 대마도 반환 요구를 철회(1951. 7. 19)했고, 독도·파랑도를 요구했지만, 이 섬들이 울릉도 근처에 있다거나(한표욱), 울릉도·다케시마 근처에 있다고(주미한국대사관 직원) 답변했으며, 1951년 8월 8일 주한미대사관을 통해서 파랑도 영유권을 기각한 한편 독도가 일본명 다케시마임을 알린 것이다.

이 이후 미국무부에서 독도문제에 대한 더 이상의 추가 조사나 언급은 발견되지 않는다.

8) 러스크서한(1951. 8. 10)과 샌프란시스코평화조약의 체결

1951년 8월 8일 주한미대사관의 전문을 끝으로 대일평화조약과 관련해 한국이 제기한 문제들은 국무부 실무진에 의해 모두 정리가 되었다.

첫째 한국의 연합국 자격 및 조약 참가·서명국 자격 문제는 1951년 7월 9일 제1차 한미협의 과정에서 공식적으로 부정되었다. 미국은 1949년 12월 이래 한국을 연합국으로 대우하며 대일평화조약의 참가·서명국 지위로 고려했

도자료II: 미국편』 232쪽.

으나, 1951년 4~5월간 영국과 일본의 강력한 반대에 직면하고 한국정부의 제1차 답신서(1951. 4. 27)를 접수한 이래 한국을 참가·서명국 지위를 부정하고 특별조항의 수혜자로 위치를 변경했다.

둘째 대마도의 반환 요구는 1951년 7월 9일 제1차 한미협의 과정에서 공식적으로 부정되었고, 한국정부도 주장을 철회했다. 국내적으로는 대마도의 반환 요구를 일정한 정치적·외교적 지렛대로 활용하자는 주장이 끊이지 않았다.

셋째 맥아더라인 유지 요구는 1951년 7월 9일 제1차 한미협의 과정에서 공식적으로 부정되었지만, 한국정부는 제2차 답신서와 제3차 답신서에 이르기까지 주장을 지속했다. 미국은 이 요구를 수용하지 않았다.

넷째 귀속재산의 한국정부 이양, 일본인의 재한청구권의 부정 문제는 한국이 수령한 두 번째 대일평화조약 초안에 등장한 것으로 한국정부가 가장 집중적으로 조약문 수정을 요구한 사안이었다. 이 문제는 미군정의 명령과 한미간의 협정을 통해 이미 완성된 사안이었으므로 미국은 그 뒷수습에 동의했다. 주한미대사관도 1951년 6월 19일자 비망록과 1951년 7월 27일자 제84호 전문 등에서 여러 차례 한국정부의 요청이 정당하다고 건의했고, 국무부는 해당 4조 (a)항의 수정이 필요하다는데 동의했다.[114] 핵심은 일본·일본국민이 방기된 지역, 즉 한국 내 일본재산 처분과 관련해 문제를 제기하지 않는다는 것이었다.

---

114 E. Allan Lightner Jr, Counselor of Embassy to the Secretary of State, Subject: Japanese Owned Property Vested in Korea, Pusan 215, June 19, 1951, RG 59, Department of State, Decimal File, 694.001/6-1951; Memorandum by Noel Hemmendinger, NA to John A. Allison, Subject: Proposal for revision of Article 4 of July 20 Peace Treaty Draft, July 28, 1951 and July 31, 1951. RG 59, Records Relating to the Japanese Peace and Security Treaties, 1946-1952, Lot 78D173, Box 2, Folder 9.

다섯째 마지막 남은 문제는 한국이 제2차 답신서(1951. 7. 19)에서 제기한 독도·파랑도 문제였다. 이는 제3차 답신서(1951. 8. 2)에서는 유지되지 않은 문제였으며, 주미한국대사관은 정확한 지리적 정보를 제공할 수 없었다. 국무부의 지리전문가도 독도가 리앙쿠르암의 한국명칭이란 사실을 확인할 수 없었다. 미국무부에서 획득할 수 있는 유일한 리앙쿠르암에 대한 정보는 일본 외무성이 배포한 영토문제 팸플릿(1947. 6)에 기재된 리앙쿠르암(일본명 다케시마)에 대한 한국명칭이 없고 한국지도에 등장하지 않으며, 1905년 일본 오키섬의 관할 하에 놓인 이래 한국의 영유권 주장이 없다는 허위·왜곡정보뿐이었다. 마지막 순간 주한미대사관의 전문(1951. 8. 8)에서 독도가 일본명 다케시마라는 사실이 확인되었다.

미국무부는 대일평화조약과 관련해 최종입장을 1951년 8월 10일 한국정부에 통보했다. 이 통보문은 국무부 극동국 동북아시아과에서 대일평화조약 한국관련 문제를 담당하고 있던 로버트 피어리(Robert Fearey)가 8월 9일 기안한 것이었다. 딘 러스크(Dean Rusk) 국무부 극동담당차관보 명의로 양유찬 주미한국대사에게 발송된 공한에서 미국무부는 지금까지의 논의 및 결정사항을 정리해 통보했다.

러스크는 7월 19일자 및 8월 2일자 한국정부 답신서를 거론하며 한국정부의 요청을 대부분 기각했다. 첫째 초안 2조 (a)항과 관련해 1945년 8월 9일자로 일본의 한국에 대한 권리·권원·청구권을 방기해달라는 요청에 대해 "미국정부는 일본의 8월 9일 포츠담선언 수락이 선언에서 언급된 해당지역(한국: 인용자)에 대한 공식적이거나 최종적인 방기일이 된다는 이론을 (대일평화: 인용자)조약이 채택하고 있다고 생각하지는 않는다"고 답했다. 즉 1945년 8월 9일

이 일본의 한국 방기일이자 독립일은 "아닌 것 같다"는 의견이었다.[115]

둘째 독도·파랑도에 대해서 러스크는 다음과 같이 썼다.

> 독도, 다른 이름으로는 다케시마 혹은 리앙쿠르암으로 불리는, 와 관련해서 우리 정
> 보에 따르면, 통상 사람이 거주하지 않는 이 바위덩어리는 한국의 일부로 취급된 적
> 이 없으며, 1905년 이래 일본 시마네현 오키島司(隱岐島司) 관할 하에 놓여져 있었다.
> 한국은 이전에 결코 이 섬에 대한 (권리를) 주장하지 않았다. 파랑도를 강화조약에서
> 일본에서 분리될 섬 중 하나로 지목해달라는 한국정부의 요구는 기각된 것으로 이해
> 된다(강조·괄호 인용자).

독도는 7월 19일자 한국측 제2차 답신서에 처음으로 등장했는데, 미국은
불과 20여일만인 8월 10일에 일본령이라고 결정해 한국에 통보한 것이었다.
러스크 서한에 등장하는 이 대목은 1947년 6월 일본외무성의 영토문제 팸플
릿에 등장한 내용을 그대로 인용한 것이었다. 주미한국대사관은 독도와 파랑
도가 울릉도나 다케시마 인근에 있다고 했을 뿐 정확한 좌표와 실체, 한국령
이라는 역사적·문헌적 증거·근거자료를 제시하지 않았다. 이미 대일평화조약
초안 완성의 시기적 압박을 받고 있던 상황 속에서 미국무부는 더 이상 결정
을 늦출 수 없다고 판단했고, 자신들이 보유한 정보에 근거해 판단을 내렸다.

셋째 미국무부는 제9조와 관련해 맥아더라인의 유지 요청도 기각했다. 러

---

115 Letter by Dean Acheson to You Chan Yang, Ambassador of Korea, August 10, 1951, RG
    59, Japanese Peace Treaty Files of John Foster Dulles, 1946-52, Lot 54D423, Box 7; RG 59,
    Department of State, Decimal File, 694.001/8-1051.

스크는 조약이 발효되기 전까지는 소위 맥아더라인이 지속될 것이며, 한국정부가 대일 어업협상을 벌일 기회가 있다고 덧붙였다. 또한 제15조 (a)항과 관련해 한국에서 일본으로 건너간 일본인 사유재산의 한국 반환도 불가능하다고 통보했다.

넷째 미국무부가 유일하게 수용한 한국측 요청은 귀속재산 처리문제였다. 러스크는 조약 4조 (a)항 뒤에 새로 (b)항을 신설해 한국측 요청을 수용한다고 밝혔다. 내용은 "제2조 및 제3조에 언급된 모든 지역의 미군정의 지령에 따른 일본·일본국민 재산처분의 유효성을 승인한다"는 것이었다. 즉 미군정 법령 제33호 및 한미간 최초의 재정·재산협정에 따른 재한 일본인 재산의 한국정부 이양이 승인된 것이다.

미국무부는 8월 15일 대일평화조약 최종 초안을 워싱턴 주미한국대사관에 전달했고, 부산 주한미대사관에는 항공파우치로 송부했다. 변영태 외무장관은 8월 17일 국회에서 조약초안 제4조가 수정된 사실 등을 보고했다. 샌프란시스코평화조약 조인식(1951. 9. 8)과 관련해 한국은 연합국·서명국 자격이 기각된 데 이어 방청국(observer)의 자격으로도 참석할 수 없었다. 한국은 샌프란시스코평화회담에 참석했지만, 이는 서명국이나 옵서버의 자격이 아니라 완전한 비공식 자격이었다.

이상과 같은 한국정부의 대일평화조약 답신서와 한미협의, 미국의 입장 등을 정리하면 표 4와 같다.

구분 답신서	경과	주요 내용	미국의 대응
제1차 답신서 (1951. 4. 27)	대일평화조약임시 초안(1951. 3) 수령(1951. 3. 27) 외교위원회 활동 개시(1951. 4. 16)	① 연합국에 한국 포함(임정 선전포고, 항일전) ② 1차대전 폴란드처럼 한국의 조약서명 자격 부여 ③ 일본의 유엔가입 승인 한국가입과 연계 ④ 재일 한국인의 연합국 국민 지위 부여 ⑤ 대마도의 한국 반환 ⑥ 한국의 태평양안보체제 편입 ⑦ 맥아더라인의 유지 ⑧ 재한일본인재산의 한국 몰수 허가 ⑨ 재일한국인재산 회복, 연합국 동등 권리 ⑩ 한국의 국제사법재판소 참가	제1차 한미협의(1951. 7. 9)시 미국의 통보 ① 한국의 조약 서명국 자격 불인정 ② 대마도반환 요구 기각 ③ 맥아더라인 유지 요구 기각
제2차 답신서 (1951. 7. 19)	제3차 영미합동초안(1951. 7. 3) 수령(1951. 7. 9)	① 독도·파랑도의 한국령 포함 ② 귀속재산 한국정부 이양 확인 ③ 맥아더라인 현상 유지	제2차 한미협의(1951. 7. 19)시 미국의 반응 ① 독도·파랑도 조사 ② 귀속재산문제 동의 ③ 맥아더라인 반대
제3차 답신서 (1951. 8. 2)	제3차 답신서 수교(1951. 8. 2)	① 일본의 재한 재산(청구권·채권) 포기 ② 맥아더라인의 현상 유지 ③ 조약초안 2, 9, 12, 15조 a항 한국이익 보유	미국의 통보(1951. 8. 10 러스크서한) ① 독도·파랑도 요구 기각 ② 맥아더라인 유지 요구 기각 ③ 귀속재산 처리 유효성 반영

2. 한국정부 협상전략의 검토 및 평가

샌프란시스코평화회담·평화조약과 관련한 한국의 성과와 한계를 정리하면 다음과 같다.

미국은 최초에 한국을 대일평화조약 서명국·참가국으로 상정해 대일평화 조약 초안을 3차례 한국에 수교했다. 대일평화조약임시초안(1951. 3), 제3차 영미합동초안(1951. 7. 3), 최종 서명용 대일평화조약 초안(1951. 8. 13) 등이다. 이에 대해 한국정부는 총 3차례의 답신서를 작성해 미국에 송부했다. 제1차 답신서 (1951. 4. 27), 제2차 답신서(1951. 7. 19), 제3차 답신서(1951. 8. 2)가 작성되어 미국 에 수교되었다.

첫째 기존에 알려진 미국 외교문서(FRUS)의 한국측 답신이 없었다는 주장이 나, 한국정부의 대응은 다른 관련국가보다 시기적으로 늦었다는 주장은 사실 과 다르다. 한국정부는 한국전쟁의 와중에서, 특히 1·4후퇴 이후 국가 존망의 위기가 지속되는 조건 속에서 신속한 대응책을 마련하려고 노력했다. 3차례의 답신서가 제시되고, 한국의 이익을 반영하기 위해 주객관적 노력을 기울였다 고 평가할 수 있다.

둘째 1951년의 시점에서 한국의 외교역량과 외교경험, 시스템에는 '신생국 가'로서의 한계가 있었다. 1948년 11월 발족 당시 1실 5국 160명으로 출범한 외무부는 "방만한 편제"였기에 1949년 5월 기존의 2국 9과를 통합해 1실 3 국, 정원80명으로 대폭 축소되었다. 한국전쟁 발발 이후 부산 피난시절에는 불 과 30여명의 직원으로 외무행정을 담당하였다.[116] 주미대사관의 경우 대사, 참 사관, 1등 서기관 등 거의 3~4명의 인원이 대미외교를 담당했고 대일평화조약과 관련한 결정적인 시기에 주미대사는 3개월 이상 공석이었다. 부산과 워싱턴에서 한국 외교관들은 한국의 국익을 위해 최선의 노력을 기울였지만, 국제외교의 경험이 전무했다. 한국은 외교의 형식, 내용, 문서작성 등에서 미국, 일본, 영국 등을 상대해 본 외교 경험과 외교 문맥을 이해하지 못했다. 일본의 외교는 자타가 공인할 정도로 훌륭하고 매끄러운 것이었다.[117] 한국과 일본의 출발점이 달랐지만, 미국은 한국의 외교적 대응·문서작업을 일본과 '동등하고 공정하게' 취급했다.

셋째 한국은 대일평화회담 준비에서도 미국·일본과 현저한 차이가 있었다. 일본은 1945년부터 본격적으로 평화조약을 준비했으며, 외무성과 관련 정부 부처가 협력해 1947년 중반이면 일본측 입장을 확정한 상태였다. 미국은 1947년부터 본격적으로 대일평화회담을 준비했으며, 1950년 한국전쟁 발발 이후 급속하게 영국·일본과 평화회담 결속을 위해 속도를 냈다. 반면 한국은 1950년 한국전쟁 발발로 모든 외교역량이 집중되었으며, 1951년 미국의 조약초안을 받은 이후에야 현상대응적으로 대일평화회담에 대처해야 할 수 있었다.

넷째 한국정부는 대일평화조약 초안을 송부받았지만, 미국이 어떤 맥락에서 대일평화조약 초안을 논의·입안·결정했는지, 영국 등 연합국과는 어떻게 협의했으며, 일본과는 어떤 조율을 거쳤는지에 관한 정보를 제공받지 못했다.

---

116 外務部, 1959 『外務行政의 十年』 1~3, 585~588쪽; 외교통상부 외교안보연구원, 1999 『외교관의 회고: 진필식대사회고록』 11~12쪽.

117 1939~40년간 요코하마 부영사를 지냈고, 1950년 연합군최고사령관 정치고문실 제1 서기관이었던 나일스 본드는 이렇게 표현했다. "일본은 위대한 국가였으며, 훌륭하게 훈련된 공무원 조직과 세계 최고의 외교부를 보유했다." "Oral History Interview with Niles W. Bond" (December 28, 1973) by Richard D. McKinzie, Harry S. Truman Library. p.61.

즉 한국은 조약 초안이 점하고 있는 미국 대일정책상의 정확한 좌표를 정확히 파악하지 못한 채 파편화된 조약초안을 수령했을 뿐이다. 때문에 조약초안 형성의 구조적·과정적 맥락을 알지 못했던 한국이 이 조약초안을 통해 자신의 목소리를 정확하게 반영한다는 것은 쉬운 일이 아니었다. 미국은 반공의 최전선이자 민주주의의 수호자인 한국의 현재적 가치와 정치적 입장을 고려해 대일평화조약에 한국을 초대하려 했지만, 한국은 임시정부의 대일선전포고와 광복군의 항일투쟁 등 과거의 가치에 집중할 수 밖에 없었다. 일본의 지배에서 해방된지 불과 6년 지난 한국정부로서는 과거를 잊고 반공의 이웃으로 새롭게 관계를 맺자는 미국식 대일평화에 동조하기는 불가능했다. 과거의 악연과 절연되었으나 그 피해의 대차대조표는 아직 작성되기도 전이었기 때문이다. 한국은 미국이 원하는 방식의 초대에 호응할 수 없었다.

한국정부가 대한민국임시정부의 대일선전포고와 광복군의 군사작전을 내세운 것은 자신이 1948년 수립된 '신생정부'가 아니라 1919년 수립된 '대한민국임시정부'를 계승해 정식정부를 재건했다는 1948년 제헌헌법의 정신에 따른 것이었다. 미국이 상정한 한국의 평화조약 참가·서명국 자격과 한국이 상정한 참가·서명국 자격 사이에 현저한 차이가 있었다. 미국은 1948년 8월 한국정부의 수립, 1948년 12월 유엔3차 총회의 승인, 1950년 한국전쟁 이후 파병과 구원, 유엔을 통한 지원 등을 통해 한국의 후원자이자 후견인 역할을 했다. 특히 덜레스는 유엔3차 총회에서 미국 대표로 한국정부 수립에 자신이 일정한 역할과 책임을 했다고 자부하고 있었다.

미국은 현재 한국의 정치적 입지, 즉 반공의 최전선으로서 상징에 의미를 부여했고, 반공한국이 반공일본과 새로운 관계를 맺길 희망했다. 영국과 일본

	일본	한국
1945년의 외교인력	1만 명, 70% 감축 3천 명	없음(미군정기)
1951년의 외교인력	3천 명	1948년 160명 정원, 1949년 80명으로 감축, 1950년 전쟁 이후 30~60명
외교의 우선순위	관대한 평화조약 체결(1945~51)	한국전쟁에서의 생존(군사·경제)
외교의 경험	제국의 외교. 제1차 대전 이후 강화회담 경험자(요시다 시게루) 외무성 축적	이승만대통령 외 외교경력자 전무
평화회담 준비	1945년 이후 1947년 일본정부안 확정, 외무성의 핵심 업무	1948년 배상문제 준비
평화회담 담당조직	외무성 평화조약문제연구간사회→평화조약각성연락간사회→각성연락간사회(상설회의)→심의실	1951년 외교위원회(7~9명)
평화회담의 우선순위	각조항·문제별 준비 완료: 전문, 영토문제, 정치문제, 군사문제, 경제문제, 조약이행의 보장, 안전보장	귀속재산 처리 〉맥아더라인 유지 〉조약참가·서명국지위 〉영토문제(대마도 〉독도·파랑도)
영토문제	1946~1949년 영토문제 영문팸플릿 7건 홍보	[1947년 조선산악회 독도조사]
독도문제	1947년 6월 외무성 영토문제 팸플릿(독도 한국명칭 없으며, 지도에 표시 없음, 1905년 일본편입, 한국항의 없음)	대마도 반환 제기→기각후 독도·파랑도 주장→파랑도 기각, 독도정보 미제공
미국과의 협의	1947년 이후 '일상의 접촉', 한국전쟁 이후 일본 중시 정책, 미국의 정책의도 정확히 파악	미국의 정책의도 파악하지 못함

은 한국이 일본과 교전상대국이 아니라 식민지로 일본 제국의 일부였으며, 대일한국인들을 공산주의자·범죄자로 무고하거나, 동아시아국가들의 반발을 제시하며 한국의 조약 서명·참가에 반대했다. 식민지에서 해방된 후, 공산군의 침략에 맞서 생존투쟁을 벌여야 했던 한국에게 관대한 대일평화는 불가능한 요구였다. 결국 미국은 조약서명·참가국이 아닌 특별조항의 대상국으로 한국의 위상을 정리했고, 한국정부에게는 영국·일본의 논리를 설명했다. 그러나 영국·네덜란드·프랑스 등의 식민지로 2차대전 이전 독립국가로 존재하거나 대일선전포고를 하거나 교전국 지위에 있지도 않았던 파키스탄·인도·실론·인도네시아·베트남·라오스·캄보디아 등이 당시의 식민 모국이 교전국이었다는 이유로 조약 서명국이 된 현실에 비추어본다면 한국의 조약 서명·참가 배제는 공정하거나 합리적 의사결정과는 현저히 거리가 먼 것이었다.

다섯째 1951년 현재 한국의 국가적 우선순위, 외교상 우선순위에서 대일평화조약의 위치는 낮았다. 한국의 제1순위는 한국전쟁에서 생존하고 승리하기 위한 군사·경제적 문제의 해결이었다. 또한 대일평화조약에 대한 대처에서도 한국정부의 우선 순위가 존재했다. 최우선의 문제는 연합국 지위 부여 및 조약 참가·서명국 지위의 확보였으며, 그 다음으로 재한일본인 귀속재산의 한국정부 이양문제, 맥아더라인의 유지, 마지막으로 영토문제의 처리였다. 한국의 연합국 지위부여는 1951년 4~5월간 영국과 일본의 강력한 반대에 흔들리던 미국에게 한국정부의 제1차 답신서가 도착함으로써 특별조항 신설로 귀착되고, 조약 서명·초청 대상국에서 배제되었다. 맥아더라인 유지는 어업협정의 대상으로 거부되었다. 귀속재산 문제만 한국정부의 의견이 수용되었다.

여섯째 한국정부 내에서 영토문제에 대한 준비와 대처는 미비했다. 1947년

조선산악회의 독도조사, 1948년 독도폭격사건 이후 민간·과도정부의 관련자료가 한국정부에 이관되지 못했다. 정부 차원의 조사·정리작업이 부재했으며, 1951년 외교위원회는 법률가·법학자로만 구성되었고, 역사학자·지리학자·산악인·언론인 등 전문가가 배제되어 있었다. 영토문제에 대한 대응에서 한국정부의 미숙함이 가장 크게 두드러졌다.

나아가 한국정부의 영토문제 대응은 진정성·합리성과 거리가 있는 정치적 선전으로 해석될 여지 컸다. 제1차 답신서에서 대마도의 반환을 요구하며 소련의 쿠릴열도·사할린 할양과 비교했으나, 근거자료를 제시하지 않았다. 제2차 답신서에서는 대마도 요구를 기각한 반면 독도를 상상의 섬 파랑도와 함께 요구했다. 그러나 관련자료는 주미한국대사관에 전달되지 않았다. 독도는 정치적 선전(대마도)보다 우선순위 낮고, 존재하지 않는 섬(파랑도)과 동격의 위상을 갖는 것으로 인식되었다. 제3차 답신서에서는 영토문제가 전혀 언급되지 않았다. 이후 미국의 자료요청에 제대로 응답하지 않았다. 이 시점에서 그 누구도 샌프란시스코 평화조약 이후 독도문제가 한일·한미 관계의 주요 쟁점으로 부각될 것을 예상할 수 없었다.

일곱째 한국정부가 거둔 최대의 성과는 재한일본인 귀속재산의 한국정부 이양문제였으며, 영토문제에 대한 대응은 최대의 실책이었다. 한국정부가 대마도·파랑도·독도를 섞어서 문제 제기하지 않았다고 한다면, 러스크서한에 독도문제가 언급되지 않았을 것이 분명했다. 러스크서한이 한국에 전달되었다고 해도 러스크서한의 독도문제 취급이 샌프란시스코평화회담에 반영되거나 결정적 영향을 끼친 것은 아니었다. 러스크서한은 한미간의 문제였으며, 샌프란시스코평화회담에 참가한 미국 1개국의 입장에 지나지 않았다. 50여개 국가가 서명한 샌프란시스코평화회담에서 독도문제는 논의·합의·결정된 바 없다. 독도영유권 문제가 샌프란시스코평화회담 이후 발생한 것은 미국의 대일영토정책의 변화에 기인한 것이었다.[118]

　제2차 세계대전 중 연합국은 카이로선언(1943. 12)과 포츠담선언(1945. 7)을 통해 전후 대일영토처리의 기본원칙을 확정했다. 이는 일본영토를 주요 4개 섬과 연합국이 결정할 일본 본토에 인접한 작은 섬들로 한다는 것이었다. 이의 연장선상에서 전후 연합국의 대일영토정책은 일본영토에 포함될 섬들을 특정하는 것이 중심이었다. 그렇지만 1천여 개를 상회하는 무수한 섬들을 일일이 조약문에 표시하는 것이 불가능했으므로, 경도선·위도선을 활용한 경계선으로 일본령에 포함될 섬들을 표시한 후 복잡한 문서상의 표현을 조약문의 부속지도로 첨부하는 방식이 채택되었다. 즉 일본령 도서의 특정, 경계선으로 일본령을 표현, 부속지도의 활용이라는 세 가지의 방식이 전시 연합국의 대일영토정책을 계승한 전후 연합국의 대일영토정책이었다. 이 결과 미국무부와 영국외무성은 상호 협의하지 않았지만, 대일평화조약을 만드는 과정에서 동일한 방식으로 일본령을 표시했다. 미국무부의 대일평화조약 초안(1947, 1949), 영국외무성의 대일평화조약 초안(1951. 3)은 공통적으로 ① 일본령 도서의 특정, ② 경도선·위도선을 활용한 경계선으로 일본령을 표현, ③ 부속지도의 활용했으며, 모두 문서와 지도에 독도를 한국령으로 표시하거나 일본령에서 배제했다.

　이러한 전시·전후 연합국이 합의한 대일영토규정은 1950~51년간 일본의 항의와 미국의 주도로 사실상 폐기되었지만, 새로운 대일영토규정은 연합국

118　정병준, 2010 위의 책 399~552쪽.

간에 논의·합의·결정되지 않은 채 샌프란시스코평화조약이 체결되었다. 특히 동북아시아에서 일본에게 가장 큰 피해를 당한 피해국이자 이해당사국이었던 한국·중국·소련(러시아)이 배제된 채 조약이 체결됨으로써 전후 동북아시아의 국제적 영토분쟁의 단서가 마련되었다.

여덟째 대일평화조약의 구조적 문제가 중요했다. 한국은 미국을 통해서만 간접적으로 한국의 이해를 반영할 수 있었던 반면 일본은 직접 미국과 협상할 수 있었다. 한국전쟁 발발 이후 미국은 일본중시정책을 채택했고, 비징벌적인 관대한 평화조약을 추진했다. 연합군최고사령부와 미국무부에는 친일·지일 인맥들이 포진해 있던 반면, 한국에 우호적인 미국 내 우호적 경로·인맥은 거의 존재하지 않았다. 한국이 대일평화조약에서 배제된 데에는 미국와 일본의 부정적 대한관이 작용한 결과이기도 했다. 미국은 한국은 해방된 국가로 미국이 한국전쟁에서 구원한 국가이고, 대일평화조약에서 한국의 이익을 충분히 반영할 것이며 한국의 대일징벌적·영토할양 요구는 과도하다고 판단했다. 또한 일본은 재일조선인을 '기생충', 범죄자, 공산주의자로 무고하는 등 멸시적 대한관을 유지하며 독립불인정의 태도를 견지했다.

아홉째 대일평화조약에 대한 한국정부의 대응은 한국의 외교경험·시스템·자원의 수준, 한국의 외교적 우선순위, 전시라는 한국의 객관적 상황 속에서 조율된 것이며, 최선은 아니지만 차선의 노력을 경주한 것으로 평가할 수 있다. 1951년 한국의 국가적 처지와 외교적 능력은 미국·일본과의 비교할 수 없는 상황이었으며, 한국은 국제외교의 첫 무대에서 자국의 이해를 대변하기 위해 노력했다. 한국 정부의 주관적 입장과 국제 사회의 객관적 평가·판단, 한국의 상황 이해력과 국제적 문맥은 차이가 있었다.

샌프란시스코평화회담은 한국정부 수립 이후 시도된 최초의 간접적 다자외교의 출발점이었다. 한국정부는 미국을 통해 한국의 이익을 옹호·대변하기 위해 노력했다. 한국정부는 조약 서명국·참가국 지위 및 연합국 지위의 획득, 적산의 한국소유 재확인, 맥아더라인의 유지, 영토문제(대마도·독도·파랑도)의 해결을 요구했다. 이 회담에 대한 한국정부의 대응에서 찾을 수 있는 외교사적 함의는 다음과 같다.

첫째 샌프란시스코평화조약에 대처하는 한국의 국내적 입장·요구와 미국이 추구하는 국제적 맥락 사이에는 큰 간극이 존재했다.

존 포스터 덜레스를 비롯한 미국의 대일평화조약 특사단은 최초에 한국을 잠재적 회담 참가국·조약 서명국으로 간주해 대일평화조약 초안을 수교했다. 미국의 초점은 한국과 일본이 과거의 적대관계를 청산하고 새로운 반공의 이웃으로 관계를 재편하는 것이었다.

반면 한국은 일본으로부터 해방된 지 불과 6년 뒤의 시점에서 일본과의 과거사를 쉽게 정리할 수 없는 실정이었다. 한국 외교라인이 미국이 대일평화조약을 급격히 추진하는 국제정치적 맥락을 이해했는지와 무관하게 한국의 민심과 여론은 일본과의 조기 평화·반공 평화에 강력하게 반대했다. 한국정부는 대한민국임시정부를 중심으로 대일선전포고와 광복군 등의 무장투쟁으로 제2차 대전기 일본과 교전상태에 놓여져 있었다고 주장하며, 식민지배에 대한 공개적이고 분명한 사과, 그 피해에 대한 배상·보상·청구권의 해결, 대일징벌적인 요구 등을 제시했다. 한국은 불행했던 한일 과거사의 관성을 벗어날 수 없었으며, 국민적 요구도 이와 크게 차이가 없었다. 즉 샌프란시스코평화회담에서 한국외교는 국내적·국민적 요구 및 한일 과거사의 연장선에서 벗어날 수 없었으며, 이는 미국이 구상하는 대일평화조약의 국제적 맥락과 큰 간극을 형성했다.

둘째 샌프란시스코평화회담에 대한 한국정부의 대처는 당시 한국의 외교적 상황과 국가적 상황 속에서 평가될 필요가 있다. 한국은 신생 국가의 일천한 외교적 시스템, 역량, 자원, 경험을 보유했다. 또한 한국은 한국전쟁의 와중에서 생사를 건 생존투쟁을 벌이고 있었다. 국가의 모든 역량과 우선순위가 전쟁에서의 생존 및 승리에 두어져 있었다. 그렇지만 국제 외교에서 이러한 약소국·신생국의 사정과 어려움은 전혀 고려되지 않았다. 미국의 대일평화조약 특사단과 국무부 실무진 등은 한국의 사정에 동정적인 면이 있었으나, 결국 주장의 합리성, 문서의 증빙성에 근거해서 판단을 진행했다. 한국정부가 획득하려고 한 샌프란시스코평화회담의 여러 요구 가운데 일본 적산의 한국소유 재확인만이 수용되었고, 나머지 조약 서명국·참가국 지위 및 연합국 지위의 획득, 맥아더라인의 유지, 영토문제(대마도·독도·파랑도)의 해결 등은 기각되었다.

셋째 샌프란시스코평화조약에 대한 한국정부의 대처는 외교의 상황과 전쟁의 위기를 고려할 때 가능한 범위에서 차선의 노력을 경주했으며, 일본 적산의 한국소유 재확인이라는 중대한 성과를 얻었다. 이는 이미 미군정기에 완료된 기성의 문제였으므로, 한국에게 실제적으로 큰 실익은 없었지만, 일본과의 관계에서 발생할 수 있었던 큰 불이익을 회피할 수 있었다. 한국 외교의 두드러진 실수는 영토문제에 대한 대처에서 발생했다. 한국 정부는 최초에는 정치적 요구이자 대일징벌적 영토할양으로 해석될 수 있는 대마도 이양을 요구했으며, 다음으로 대마도 주장을 포기한 대신 좌표와 실체가 불분명한 파랑도와 한국령이 분명한 독도를 함께 요구했으며, 마지막에는 파랑도·독도의 이양 요구조차 유지하지 않았다. 또한 독도에 관해 국내적으로 축적되고 확인된 자료들이 외교위원회에서 논의되거나 주미한국대사관으로 송부되지 않았다. 전반적으로 한국정부의 샌프란시스코평화조약 대처에서 영토문제는 낮은 우선순위를 부여받았으며, 역사학자·지리학자·한국산악회 등 영토문제 전문가가 배제된 채 사안이 다뤄진 아쉬움이 있다.

넷째 한국은 샌프란시스코평화회담의 참석·서명국이 아니었지만, 이 조약의 영향을 받게 되었다. 이는 조약문 자체가 규정하고 있는 제2조(영토), 제9조(어업제한 및 공해 어업개발·보호협정), 제12조(통상협정)의 이익은 상징적인 것에 불과했던 반면, 샌프란시스코평화조약이 추구한 전쟁책임·배상·영토할양이 없는 관대한 평화조약이라는 기본 구조가 한일관계에 즉각적인 영향을 미치게 된 것이다. 일본은 샌프란시스코평화조약에서 배제된 인접국들과 양자조약을 통해 평화를 회복했는데, 어떠한 경우에도 전쟁책임의 공개적 인정, 배상, 영토문제 해결 등은 다뤄지지 않았다. 또한 한국정부가 선호한 일본과의 관계개선 방식인 다자간 회담·조약 혹은 미국을 중재인으로 한 회담 방식은 거부되고, 일본이 선호한 양자회담이 한일회담의 기본 방식으로 채택되었다. 샌프란시스코평화회담이 종료된 후 한일예비회담이 대일우호적 외교관으로 유명한 윌리

엄 시볼드(William J. Sebald) 주일미정치고문 겸 맥아더사령부 외교국장의 도쿄 집무실에서 시작(1951. 10. 20)된 것은 한일관계와 한일회담의 미래를 보여주는 상징적인 사건이었다.

부 록

and the Paracels, in Draft Japanese Peace Treaty, July 16, 1951. RG 59, Department of State, Decimal File, FW694.001/7-1351.

Memorandum by S. W. Boggs, OIR/GE to Robert A. Fearey, NA. Subject: Parangdo and Dokdo (Islands) July 31, 1951. RG 59, State Department, Records Relating to the Japanese Peace and Security Treaties, 1946-1952, Lot 78D173, Box 2, Folder "Protocol (Notes & Comments)-Japan, July-September 1951".

944   FOREIGN RELATIONS, 1951, VOLUME VI

8. Mr. Byroade[4] pointed out that we may be headed for inconsistencies with respect to treaties for Japan and Germany as it affects military restriction. Mr. Dulles agreed and pointed out that the two situations are different. However, we might have to come to some military restrictions in the Japanese treaty. We would prefer to rely on bilateral talks to accomplish this.

9. Mr. Bonbright felt that we should have a go ahead from Spender before we make the treaty text available to other governments. He asked whether a month's delay was too much of a price to pay for the effect that the treaty might have on Australian elections. Mr. Nitze felt that it was important to make the text available to other governments, especially while fighting is going on in Korea. Mr. Dulles also pointed out that there might be many reasons to delay at different times and we should not use this as one.

10. The Secretary suggested that this discussion might be continued with the interested parties at an appropriate time.

---

[4] Henry A. Byroade, Director of the Bureau of German Affairs.

694.001/3–1751

Provisional United States Draft of a Japanese Peace Treaty[1]

SECRET   [WASHINGTON, March 23, 1951.][2]

PROVISIONAL DRAFT OF A JAPANESE PEACE TREATY

(Suggestive only)

The Allied Powers and Japan are resolved that henceforth their relations shall be those of nations which, as sovereign equals, cooperate in friendly association to promote their common welfare and to maintain international peace and security. Japan declares its intention to apply for membership in the United Nations and under all circumstances to conform to the principles of the Charter of the United Nations; to strive to realize the objectives of the United Na-

---

[1] As filed this draft is annexed to a covering memorandum, not printed. In telegram 1386 to Tokyo, March 23, marked "Sebald from Allison," the Department described the distribution of these papers as follows: "Provisional draft Jap peace treaty with covering memorandum being handed British Chargé today and representatives other FEC countries plus Indonesia, Korea and Ceylon during coming week. Draft marked secret with no present intention for publicity." The Department instructed Mr. Allison's Office to provide copies also to Prime Minister Yoshida and to General MacArthur. (694.001/3–2351)

The last paragraph of the covering memorandum is as follows: "Govt US would appreciate consideration of enclosed draft and early expression of views. Thereafter, Govt US will expect get in touch with [the FEC powers, Indonesia, Korea and Ceylon] with view to concerting future procedure."

[2] The next previous draft, not printed, is dated March 20. (Lot 54 D 423)

tions Universal Declaration of Human Rights; to seek to create
internally conditions of stability and well-being as envisaged by
Articles 55 and 56 of the Charter of the United Nations and already
initiated by postwar Japanese legislation; and in public and private
trade and commerce to conform to internationally accepted fair prac-
tices. The Allied Powers welcome the intentions of Japan in these
respects and will seek to facilitate their realization. In order to put
their future relations on a stable and peaceful basis the Allied Powers
make this Treaty with Japan.

CHAPTER I
PEACE

1. The State of War between the Allied Powers and Japan is ended.

CHAPTER II
SOVEREIGNTY

2. The Allied Powers recognize the full sovereignty of the Japanese
people over Japan and its territorial waters.

CHAPTER III
TERRITORY

3. Japan renounces all rights, titles and claims to Korea, Formosa
and the Pescadores; and also all rights, titles and claims in connection
with the mandate system or deriving from the activities of Japanese
nationals in the Antarctic area. Japan accepts the action of the United
Nations Security Council of April 2, 1947,[3] in relation to extending
the trusteeship system to Pacific Islands formerly under mandate to
Japan.

4. The United States may propose to the United Nations to place
under its trusteeship system, with the United States as the administer-
ing authority, the Ryukyu Islands south of 29° north latitude, the
Bonin Islands, including Rosario Island, the Volcano Islands, Parece
Vola and Marcus Island. Japan will concur in any such proposal.
Pending the making of such a proposal and affirmative action thereon,
the United States will have the right to exercise all and any powers
of administration, legislation, and jurisdiction over the territory and
inhabitants of these islands, including their territorial waters.

5. Japan will return to the Union of Soviet Socialist Republics the
southern part of Sakhalin as well as all the islands adjacent to it and
will hand over to the Soviet Union the Kurile Islands.

---

[3] For text of the Trusteeship Agreement for the former Japanese-mandated
islands in the Pacific, concluded between the United States and the Security
Council of the United Nations on April 2, 1947, see TIAS No. 1665, or 61 Stat.
(pt. 3) 3301. For documentation regarding conclusion of this Agreement, see
Foreign Relations, 1947, vol. I, pp. 258–278.

CHAPTER IV
SECURITY

6. Japan accepts the obligations set forth in Article 2 of the Charter of the United Nations, and in particular obligations

(*a*) to settle its international disputes by peaceful means in such a manner that international peace and security, and justice, are not endangered;

(*b*) to refrain in its international relations from the threat or use of force against the territorial integrity or political independence of any state or in any other manner inconsistent with the Purposes of the United Nations;

(*c*) to give the United Nations every assistance in any action it takes in accordance with the Charter and to refrain from giving assistance to any state against which the United Nations may take preventive or enforcement action.

The Allied Powers undertake reciprocally to be guided by the principles of Article 2 of the Charter of the United Nations in their relations with Japan.

7. The Allied Powers recognize that Japan as a sovereign nation possesses what the Charter of the United Nations refers to as the inherent right of individual or collective self-defense and that Japan may voluntarily enter into a collective security arrangement or arrangements participated in by one or more of the Allied Powers. Such arrangements shall be designed solely for security against armed attack.

(*Note:* The foregoing suggestions are recognized as being not in themselves complete with respect to security and are to be supplemented in the light of the outcome of current exchanges of views designed to maintain security in the Pacific and to enable Japan hereafter to contribute to its security without developing armament which could be an offensive threat or serve other than to promote peace and security in accordance with the purposes and principles of the United Nations Charter.)[4]

CHAPTER V
POLITICAL AND ECONOMIC CLAUSES

8. Japan will continue to be a party, or if not now a party will seek adherence, to existing multilateral treaties and agreements de-

---

[4] The Department's telegram 252 to Canberra, March 22, marked "For Spender from Dulles", in part indicates that the preceding paragraph was inserted shortly before distribution of the draft in order to meet the views of the Government of Australia, which had opposed a previously suggested covering memorandum (694.001/3–2251). The text of that draft covering memorandum, in which the problem of Pacific security in relation to Japan was treated without allusion to "current exchanges of views," is contained in telegram 241 to Canberra, March 16, not printed, which was also a message from the Consultant to Mr. Spender (694.001/3–1651).

signed to promote fair trade practices, to prevent the misuse of narcotics and to conserve fish and wildlife.

9. Japan agrees to enter promptly into negotiations with parties so desiring for the formulation of new bilateral or multilateral agreements for the regulation, conservation and development of high seas fisheries.

10. Each of the Allied Powers, within a year after the present Treaty has come into force between it and Japan, will notify Japan which of its prewar bilateral treaties with Japan it wishes to keep in force or revive, and such treaties shall continue in force or be revived except for any provisions thereof not in conformity with the present Treaty, which provisions shall be deemed deleted. All such treaties not so notified shall be regarded as abrogated.

11. Japan renounces all special rights and interests in China.

12. The power to grant clemency, reduce sentences, parole and pardon with respect to the war crimes sentences imposed by military tribunals of the Allied Powers on persons who are incarcerated in Japan may not be exercised except jointly by Japan and the Government or Governments which imposed the sentence in each instance. In the case of the persons sentenced by the International Military Tribunal for the Far East, such power may not be exercised except jointly by Japan and a majority of the Governments represented on the Tribunal.

13. Japan declares its readiness promptly to conclude with each of the Allied Powers treaties or agreements to put on a stable and friendly basis the commercial and trading relations between them. In the meantime the Government of Japan will, during a period of three years from the first coming into force of the present Treaty, accord most-favored-nation treatment to each of the Allied Powers with respect to customs duties, charges and all other regulations imposed on or in connection with the importation and exportation of goods, and will accord national treatment or most-favored-nation treatment, whichever is more favorable, with respect to the vessels, nationals and companies of the Allied Powers and their property, interests and business activities within Japan. National treatment shall not be deemed to include Japanese coastal and inland navigation. In respect of any of the above matters the Government of Japan may withhold from any Allied Power the application of more favorable treatment than such Power, subject to the exceptions customarily included in its commercial agreements, is prepared to accord Japan in that respect.

Notwithstanding the provisions of the first paragraph of this Article, the Government of Japan will be entitled to apply measures to safeguard its external financial position and balance of payments

or its essential security interests, and to reserve the exceptions cus-
tomarily contained in commercial agreements.

Pending the conclusion of civil air transport agreements, Japan,
during a period of three years, shall extend to each of the Allied
Powers not less favorable civil air traffic rights and privileges than
those they exercised at the time of coming into force of the present
Treaty.

Japanese submarine cables connecting Japan with territory removed
from Japanese control pursuant to the present Treaty shall be equally
divided, Japan retaining the Japanese terminal and adjoining half
of the cable and the detached territory the remainder of the cable
and connecting terminal facilities.

CHAPTER VI

CLAIMS AND PROPERTY

14. The Allied Powers recognize that Japan lacks the capacity to
make payments in bullion, money, property or services which would
enable Japan to maintain a viable economy, to meet its obligations
for relief and economic assistance furnished since September 2, 1945,
in furtherance of the objectives of the occupation, and also to make
adequate reparation to the Allied Powers for war damage. However,
Japan grants to each of the Allied Powers the right to vest, retain
and dispose of all property, rights and interests of Japan and of
Japanese nationals which between December 7, 1941, and September 2,
1945, were within their territories, or within territories renounced
by Japan, or within territory administered by any of them under
United Nations trusteeship, except (i) property of Japanese nationals
permitted to reside in the territory of one of the Allied Powers and
not subjected to special measures prior to September 2, 1945; (ii) tan-
gible diplomatic or consular property, net of any expenses incident
to its preservation; (iii) property of non-political religious, chari-
table, cultural or educational institutions; (iv) property located in
Japan, despite the presence elsewhere of paper or similar evidence of
right, title or interest in such property, or any debt claim with respect
thereto and (v) trade-marks identifying products originating in
Japan.

In case any Allied Power has taken property, rights or interests of
an industrial character of Japan or of Japanese nationals from the
territory of another Allied Power, it will account to the other.

Reparations claims of the Allied Powers and their claims for direct
military costs of occupation shall be deemed to be satisfied out of the
Japanese assets subject to their respective jurisdictions in accordance
with the foregoing and out of assets received from the Japanese home
islands during the occupation.

(*Note:* The foregoing suggestions regarding reparations are made subject to current exchanges of views.)

15. Japan will return, upon demand, within six months from the first coming into force of this Treaty, the property, tangible and intangible, and all rights or interests of any kind, in Japan of each Allied Power and its nationals, unless the owner has freely disposed thereof without duress or fraud. In the case of war loss or damage to property of nationals of Allied Powers in Japan compensation will be made in accordance with Japanese domestic legislation in yen subject to Japanese foreign exchange regulations.

16. Japan waives all claims of Japan and its nationals against the Allied Powers for action taken during the State of War hereby ended, and waives all claims arising from the presence operations or actions of forces or authorities of any of the Allied Powers in Japanese territory prior to the coming into force of the present Treaty.

CHAPTER VII
SETTLEMENT OF DISPUTES

17. Any dispute between an Allied Power and Japan concerning the interpretation or execution of the present Treaty, which is not settled through diplomatic channels, shall, at the request of a Party to the dispute, be referred for decision to the International Court of Justice. Japan and those Allied Powers which are not already parties to the Statute of the International Court of Justice will deposit with the Registrar of the Court, at the time of their respective ratifications of the present Treaty, and in conformity with the resolution of the United Nations Security Council, dated October 15, 1946, a general declaration accepting the jurisdiction, without special agreement, of the Court generally in respect of all disputes of the character referred to in this Article.

CHAPTER VIII
FINAL CLAUSES

18. Allied Powers, for the purposes of the present Treaty, shall be deemed to be those States at war or in a state of belligerency with Japan and which become parties to the present Treaty.

19. Except for the provisions of Article 11, the present Treaty shall not confer any rights, title or benefits to or upon any State unless and until it signs and ratifies, or adheres to, this Treaty; nor, with that exception, shall any right, title and interest of Japan be deemed to be diminished or prejudiced by any provision hereof in favor of a State which does not sign and ratify, or adhere to, this Treaty.

20. Japan will not make a peace settlement or war-claims settlement with any State which would grant that State greater advantages than contemplated by the present Treaty to be granted to the Parties hereto.

538-617—77——61

21. The present Treaty shall be ratified by the Allied Powers and by Japan and will come into force as between Japan and other ratifying States when instruments of ratification by Japan and by a majority, including the United States of America as the principal occupying power, of the States which are members of the Far Eastern Commission have been deposited with the Government of the United States of America. If such coming into force has not occurred within nine months after ratification by Japan, then any Allied Power may at its election bring the Treaty into force as between itself and Japan by notification to Japan and to the Government of the United States of America. The Government of the United States of America shall notify all signatory and adhering States of all ratifications deposited and of all notifications received pursuant to this Article.

22. Any State, not a signatory to the present Treaty, which is at war or in a state of belligerency with Japan may adhere to the present Treaty at any time within three years after the Treaty has come into force as between Japan and any ratifying State. Adherence shall be effected by the deposit of an instrument of adherence with the Government of the United States of America, which shall notify all the signatory and adhering States of each deposit.[5]

---

[5] With a short memorandum of March 26, not printed, President Truman returned to the Secretary a copy of this draft in which he had made three stylistic changes. The President said in conclusion: "I hope you will be able to implement this Treaty as quickly as possible." (Lot 54 D 423)

694.001/3–1751 : Telegram

The Secretary of State to the United States Political Adviser to SCAP (Sebald)

SECRET   WASHINGTON, March 29, 1951.

Topad 1408. Sebald from Dulles.[1] Reference Part II "Jap Government Views" transmitted Tokyo's 1678 Mar 17,[2] following are informal and preliminary views of Defense Dept on Jap proposals regarding bi-lateral treaty. These comments have been given us informally and are not to be considered final JCS views but believed helpful for you to have them. In your discretion you may communicate them to Iguchi making clear they are tentative. We are inclined to concur in Defense views and Iguchi should not be encouraged to believe they will be substantially altered. Text [3] follows:

---

[1] Telegram drafted by Mr. Allison.
[2] Not printed, but see editorial note, p. 930.
[3] The mentioned text is an unsigned Defense Department memorandum of March 23 which was left at the State Department March 28 by Lt. Col. Jack J. Wagstaff, Office of the Assistant Chief of Staff, G–3, U.S. Army. (Lot 54 D 423)

SECRET

July 3, 1951

DRAFT JAPANESE PEACE TREATY

PREAMBLE

Whereas the Allied Powers and Japan are resolved that hence-
forth their relations shall be those of nations which, as sovereign
equals, cooperate in friendly association to promote their common
welfare and to maintain international peace and security, and are
therefore desireus of concluding a Treaty of Peace which will
settle questions still outstanding as a result of the existence of
a state of war between them and will enable Japan to carry out its
intention to apply for membership in the United Nations Organization
and in all circumstances to conform to the principles of the Charter
of the United Nations; to strive to realise the objectives of the
Universal Declaration of Human Rights; to seek to create within
Japan conditions of stability and well-being as defined in
Articles 55 and 56 of the Charter of the United Nations and already
initiated by post-surrender Japanese legislation; and in public
and private trade and commerce to conform to internationally
accepted fair practices;

Whereas the Allied Powers welcome the intentions of Japan set
out in the foregoing paragraph;

The Allied Powers and Japan have therefore agreed to conclude
the present Treaty of Peace, and have accordingly appointed the
undersigned Plenipotentiaries, who, after presentation of their full
powers, found in good and due form, have agreed on the following
provisions.

/CHAPTER I

SECRET

-2-

CHAPTER I.

PEACE

Article 1.

The state of war between Japan and each of the Allied Powers is hereby terminated as from the date on which the present Treaty comes into force between Japan and the Allied Power concerned, as provided for in Article 23.

CHAPTER II.

TERRITORY

Article 2.

(a) Japan, recognizing the independence of Korea, renounces all right, title and claim to Korea, including the islands of Quelpart, Port Hamilton and Dagelet.

(b) Japan renounces all right, title and claim to Formosa and the Pescadores.

(c) Japan renounces all right, title and claim to the Kurile Islands, and to that portion of Sakhalin and the islands adjacent to it over which Japan acquired sovereignty as a consequence of the Treaty of Portsmouth of September 5, 1905.

(d) Japan renounces all right, title and claim in connection with the League of Nations Mandate System, and accepts the action of the United Nations Security Council of April 2, 1947, extending the trusteeship system to the Pacific Islands formerly under mandate to Japan.

(e) Japan renounces all claim to any right or title to or interest in connection with any part of the Antarctic area, whether deriving from the activities of Japanese nationals or otherwise.

(f) Japan renounces all right, title and claim to Spratly Island and the Paracel Islands.

Article 3.

Japan will concur in any proposal of the United States to the United Nations to place under its trusteeship system, with the United

/States

-3-

States as the sole administering authority, the Ryukyu Islands south
of 29° north latitude, the Nanpo Shoto south of Sofu Gan (including
the Bonin Islands, Rosario Island and the Volcano Islands) and
Parece Vela and Marcus Island. Pending the making of such a proposal
and affirmative action thereon, the United States will have the right
to exercise all and any powers of administration, legislation, and
jurisdiction over the territory and inhabitants of these islands,
including their territorial waters.

Article 4.

(a) The disposition of property and claims, including debts, of
Japan and its nationals in or against the authorities presently ad-
ministering the areas referred to in Articles 2 and 3 and the residents
(including juridical persons) thereof, and of such authorities and
residents against Japan and its nationals, shall be the subject of
special arrangements between Japan and such authorities. The property
of any of the Allied Powers or its nationals in the areas referred to
in Articles 2 and 3 shall, insofar as this has not already been done,
be returned in the condition in which it now exists. (The term
nationals whenever used in the present Treaty includes juridical
persons).

(b) Japanese owned submarine cables connecting Japan with terri-
tory removed from Japanese control pursuant to the present Treaty
shall be equally divided, Japan retaining the Japanese terminal and
adjoining half of the cable, and the detached territory the remainder
of the cable and connecting terminal facilities.

CHAPTER II.

SECURITY

Article 5.

(a) Japan accepts the obligations set forth in Article 2 of the
Charter of the United Nations, and in particular the obligations

(i) to settle its international disputes by peaceful means
in such a manner that international peace and security, and justice,

/are

外務部政務局 飜譯

對日媾和條約第二草案

前文

聯合國과 日本은　今後 平等한 主權國으로서　共同의 福祉를 促進하며　國際平和와 安全을 維持하기 爲하여　友好的인 聯結下에 協力하는 関係가 될것을 決議한다　이로써 聯合國과 日本은 戰爭이 存在하였다는 結果로서　尚今 未解決의 問題를 解決할것이고 또 日本으로하여금　國際聯合機構에 加入을 申請할 意向을 遂行케 하고　또 人權에 関한 國際聯合宣言의 目的을　實現하도록 努力하며　또 國際聯合憲章第五十五條및第五十六條에 表示되고　또戰後 日本의 立法에 依하여　이미 實現에 着手한 國際的인 安全과 福祉의 狀態를 만들게하며　또 公的或은 私的인 貿易및商業的活動에있어　國際間에 承認되여 있는　公正한 慣行에 順應시키는　모―든 狀況에 있어　國際聯合憲章原則에 順從시키는　平和保約締結이

實施되기를希望한다

聯合國은 이러한点에있어 前記에言及된日本의意向을 歡迎한다

그리하여 聯合國과日本은 本媾和條約이締結될것에合意하였으며 따라서署名할全權委任大使도任命되었으며 各己充分한權限을提示한後 正當하고適合한形式으로 다음條項에關하여合意하였다

第一章　平　和

第一條　日本과 聯合國間의 戰爭狀態는 第二十三條에 規定된바와 如히 本條約이 日本과 關係聯合國間에 發效되는 날에 終結된다

第二章　領　土

第二條 (a) 日本은 韓國의 獨立을 認定하며 濟州道、巨文島、欝陵島를 包含하는 韓國에 對한 모-든 權利를 抛棄한다

(b) 日本은 台湾及澎湖島에 對한 모-든 權利를 抛棄한다

(c) 日本은 千島列島及 一九〇五年九月五日 포-쓰마스條約에 따라 日本이이건은 樺太地方及其隣接島嶼에 對한 모-든 權利를 抛棄한다

(d) 日本은 國際聯盟의 委任制度에 連結된 모-든 權利를 抛棄하며 또 以前 日本의 委任統治下에 있던 太平洋諸島에 對한 信託制度에 미치는 一九四七年四月二日 國際聯合安全保障理事會의

三

措置를受諾한다

(e) 日本은日本人의活動或은다른方法에依하여얼은南極地方에連結된모ー든權利를抛棄한다

(f) 日本은스푸래트島又는패래샐諸島에對한모ー든權利를抛棄한다

第三條　日本은北緯二十九度南方의琉球列島、소후크랜諸島(보닌諸島、모사노島및火山列島를包含)南方의남포소도패래수불라및마ー큐島를美國이單獨으로行政權威를지니는信託制度下에두는國際聯合에對한提案에同意한다 이러한提案을하고또이에따르는確言的態度가有할동안美國은其領海를已含한이諸島嶼의領土및住民에게미치는行政、立法및司法을行使할權限을保有한다

第四條 (a)　第二條및第三條에言及된地域內에있는或은同地域을

現在管理하는當局및住民（法人을包含）을相對로하는日本및

日本人의負債를包含하는財産및請求權의處理又는日本및日本

人에對한同當局및住民의負債를包含하는財産및請求權의處理

는日本과同當局間에特別한協定의問題가된다

第二條및第三條에言及된地域內의聯合國或은其國民의財産은

이미返還完了를하지않은境遇現狀대로返還한다（國民이라는

用語에는本條約에있어法人을包含한다）．

(b) 本條約에依하여日本과日本統治로부터離脫되는領土와의

連結하는日本所有海底電線은分割하여日本側의施設

및其에連結되는電線의半分을또離脫된領土에서는其에屬한

施設및殘餘電線을各己保有한다

第三章　安全

第五條(a)　日本은國際聯合憲章第二條에規定된義務特히左의義

務를受諾한다

(i) 國際的紛爭을國際的平和、安全및正義의危殆가없는平和的方法으로써解決할것

(ii) 國際關係에있어國家의領土保全或은政治的獨立에對하여威脅或은行使를禁하고或은其他方法으로國際聯合의目的에背馳되는行爲를하지말것

(iii) 國際聯合이憲章에따라取하는態度에援助를하고國際聯合이制止할强要하는態度에는援助를하지않을것

聯合國은日本과의關係에있어國際聯合憲章第二條의原則에依하여支配됨을認定한다

(b) 聯合國側은日本이主權國家로서國際聯合憲章第五十一條·에言及되個別的或은集團的固有의自衞權을保有하고또自發的으로集團的安全保障協定에加入할수있음을認定한다

(C)

大

第六條 (a)　聯合國의 各占領軍은 本條約이 發効後早速한 時日內又

는 늣어도 九十日 以內로 日本에서 撤收한다

本規定은 一個 或은 多數國間에 締結 或은 締結될 双務 或은 多數國

의 協定에 따라 日本領土內에 外國軍을 駐屯 或은 保留할수있다

(b)　占領軍의 使用에 提供된 모ー든 日本人의 財産에 對한 補償이

이미 支拂되지못한 채 本條約의 發効當時 이들 軍의 所有에 殘置

되어있는 其財産은 다른 協定이 相互的으로 締結되지않은 限 九

十日以內로 日本政府에 返還한다

第四章　政治와 經濟

第七條 (a)　各聯合國은 本條約의 發効後 一年以內로 戰前 日本과의

双務條約을 實施 或은 復活시키겠다는것을 通告할수있다

또 이러한 通告가있은 條約은 本條約에 抵觸되지않은 限必要한修

正을 加하여서만 繼續實施 或은 復活할수있다

七

이러한 通告가 있은 條約은 通告日로부터 三個月間에 繼續할 수 있

고 또 國際聯合事務局에 登錄해야 된다 日本에 對하여 이러한 通告

를 하지 않은 모ㅣ든 條約은 廢棄한 것으로 看做한다

(b) 本條 (a)項에 依하여 하는 通告는 國際的 関係上 領土의 作用 或

은 復活를 除外할 것이다

其通告國家는 이러한 除外 適用이 停止된다는 通告를 日本에 發

送한 日로부터 三個月까지 責任을 진다

第八條(a) 日本은 一九三九年九月一日에 發生한 戰爭狀態를 終結

시키기 爲하여 現在 或은 今後 聯合國이 締結하는 모ㅣ든 條約의 有

効를 認定하고 또 以前 國際聯盟 及 常設國際司法裁判所를 終結시

킨 協定을 認定한다

(b) 日本은 一九一九年九月十日 샌트져매인래이 條約 及 一九三

六年七月二十日 몬트류의 海峡協定의 調印國으로 又는 一九二

三年七月二十日라우새條約第十六條로얻은權利와財産을抛

棄한다

(C)

日本은一九三〇年一月二十日獨逸과債權國間의協定一九
三〇年五月十七日信託協定을包含한其附屬書一九三〇年一
月二十日國際淸算銀行에關한協定及國際淸算銀行定款으로
부터얻은모ー든權利를抛棄하고또모ー든義務를解除한다
日本은本條約의發效日로부터大個月以內로本項에言及된모ー
는權利의抛棄를巴里外務省에通告한다

第九條　日本은公海에있어漁撈의規定或은制限又는保護及發展
을條件으로双務或은多數協定締結을希望하면早速히聯合國과
交涉할수있다

第十條　日本은一九〇一年九月七日北京에서調印한議定書及同
附屬書로부터生起는모ー든利權及特典을包含하는中國에對한

九

모ㅣ든 特別權利를 拋棄한다

또 同附屬書및 記錄中 日本에 関한 廢棄에도 同意한다

第十一條　日本은 極東國際軍事裁判所 又는 日本에 収監된 日本人에 對한 聯合
戰犯裁判所의 審判을 受諾하며 又는 日本內外에있는 聯合
判決文을 執行한다

이러한 戰犯者의 處遇 改善 減刑및 假出獄에 對한 權限은 個別的으
로 其判決을 担當한 一個或은 多數國의 政府의 決意 又는 日本의 推
薦에따라 行使된다

極東國際軍事裁判所 에서 判決받은 戰犯者에 對한 權限은 同裁判
所를 構成하는 政府의 過半數의 決定 又는 日本의 推薦에따라 行使
된다

第十二條(2)　日本은 通商航海 又는 其他 交易関係를 安定 又는 友好
的인 基礎에서 早速 各聯合國과 協定締結을할 用意가 있음을 宣言

一〇

한다

(b) 本條約의 發効後 四個年間 関係條約 又는 協定이 締結 時까지

(1) 日本은

(i) 商品의 輸出入에 있어 関税 課金 制限 其他 規定에 関한 最惠國待遇

(ii) 船舶 航海 又는 輸入 又는 自然人 又는 法人 又는 利益에 関한 内國待遇 及 最惠國待遇

税金의 賦課 及 徴收 訴訟能力 契約의 締結 及 履行 財産權 日本人 法律下에 組織된 法人에의 参加 모ー든 事業的 又는 職業的 活動 行爲에 属하는 諸般 事業을 包含한다

(2) 日本의 國營貿易會社의 外國相對 購買 及 販賣는 純全히 商業的 考察에서 基礎할 것을 保障한다

二

(C)

如何한 事項에 있어서도 日本은 關係聯合國이 同一한 事項을 取扱할 時 日本이 받는 內國的 待遇 又는 最惠國待遇를 하는 其程度에 따라서만 聯合國에 內國待遇 又는 最惠國待遇를 할 義務가 있다

前項의 互惠主義는 聯合國의 隷屬領土의 生産物 船舶法人 又는 住民의 境遇와 또 聯邦政府로 된 聯合國의 州 或은 地方의 法人 又는 住民의 境遇이와같은 領土, 州 或은 地方에 있어 日本에 許與한 待遇를 比較하여 決定된다

(d)

本條約을 適用함에 있어 差別方法이 이를 適用하는 當事局의 通商條約에 慣例的으로 規定되는 例外 或은 當事局의 對外的 財政狀態 或은 支拂均衡(船舶航海關係는 除外)을 安全케하는 必要 或은 實質的으로 安全利權을 維持케하는 必要에 基礎가 되고 또 이方法이 環境에 따라 適合하게하고 又는 各意的 或은 無理한 手段을 適用하시않은 限 기差別方法은 內國 或은 最惠國待遇

의 附與를 減損시키지않을것이라고 吾儕做한다

(e) 本條(b)項에 言及된 日本의 義務는 本條約第十四條에 規定된 聯合國의 權利行使에 何等影響이없으며 또同項의 規定은 本條約第十五條에 依하여 日本이 取得한 保證을 制限하지않는다

第十三條(a) 日本은 國際民間航空에 關한 双務的或은 多數國家間의 協定을 締結하기 爲하여 一個又는 多數國의 要請에 依하여 即時 其聯合國과 交涉할수있다

(b) 日本은 聯合國과 이러한 一個或은 多數의 協定을 締結함에 이르기까지 四個年間 航空權과 其特權에 關하여 本條約이 發效하는 當時 聯合國이 行使하는 權利보다 不少한 好意的인 聯合國待遇를 받는다

또日本은 航空業務의 運營과 發展에 關하여 完全한 同等의 機會를 連繫된다

(C) 日本은 國際民間航空協定 第九十三條의 當事國으로될때까지 航空機의 國際的 飛行에 適用되는 其協定의 規定을 利用하고 또 其協定의 期限에 따라 其協定 附屬書에 規定된 標準業務 및 手續을 利用한다

第五章 請求權 및 財産

第十四條(a)

1 日本은 原則的으로 戰爭中에 生긴 被害와 損傷에 對하여 賠償支拂을 하게되었음에도 不拘하고 日本이 生存할 經濟를 維持하고 또는 聯合國에 對하여 適當한 賠償을 하는 同時에 義務를 遂行하는 限 其能力이 不足하다는 것을 認定한다

何如間

1 日本은 現在의 領土가 日本軍에 占領當하고 또는 日本에 依하여 損害를 받았든 聯合國이 日本의 技術과 勞力을 其聯合國의 生産沈沒船引上作業 또는 其他作業에 實地로 提供함으로써 其損

害의 修理代價로 補償을 助力하겠다고 希望하면 即時로 交涉한

다

이러한 協定은 다른 聯合國에 對한 追加負債의 賦課를 無効로 하
고 또 原料를 必要로 하는 生産이 要求되는 場所에서 日本에外 資
交換의 負担을 없에게하면 其聯合國은 實地로 原料를 供給하게
된다

2. (1)　各聯合國은 모１든 財産을 差押保留淸算或은 其他處分할
權限을 保有한다
利權에 關하여
(a)　日本又는 日本人
(b)　日本或은 日本人의 代理人或은 代表人
(c)　日本或은 日本人이 所有或은 支配하는 實体
本條約發効에있어利權의 權限

一五

除外는

(i) 戰爭中日本이占領한領土以外의聯合國의領土內에서其政府의容認下에居住하였던日本人의財産 但其期間中其財産으로되어있는것은其領土의政府가一般的으로適用하지않은方針下의財産

(ii) 日本政府가所有하였으며外交或은領事의目的으로使用한家具및備品의모든有体財産又는日本外交官或은領事官이所有하였던모든個人의家具와備品又는外交或은領事의機能을遂行하는데에普通必要한非投資的인私有財産.

(iii) 宗教機関或은個人慈善施設에屬하고專的으로宗教或은慈善目的을爲하여使用한財産

(iv) 本條約의發効前日本과関係가有하였던國家間의交易및財

政関係가 回復한 後 生긴 財産　但 関係 聯合國의 法律에 背馳되

는 處理로 生긴 權利가 有할 境遇는 除外한다

(V)　日本 或은 日本人의 義務, 日本에 所在하는 有形財産의 權利

所有權 或은 利權, 日本 法律 下에 組織된 企業体의 利權 或은 證

券　但 이 除外는 日本 貨幣로 表示된 日本 및 日本人의 債務에만

適用한다

(Ⅱ)　前記 (i) 乃至 (V)項의 除外에 言及된 財産은 其 保管 및 管理에 對한

正當한 費用에 따라 返還된다

이러한 財産이 清算되었으면 賣上金을 代拂한다

(Ⅲ)　前記에 言及된 日本人의 財産을 押收, 保管, 清算 或은 處分하

는 權利는 関係 聯合國의 法律에 따라 行使하게 되고 또 日本人의 所

有者는 其 法律로써 附與되는 權利에 限하여 保有한다

(Ⅳ)　聯合國은 各 國家가 許容하는 有利한 環境에 따라 日本人의 商權

七七

著作權의 取扱에 同意한다

(b)

聯合國은 別途 本條約에 規定된 것을 除外한 모든 賠償請求權、戰爭遂行途中 日本 又는 其國民이 取한 態度로써 生긴 聯合國及其國民의 他種의 請求權 又는 直接으로 占領한 軍事費에 對한 聯合國의 請求를 地棄한다

第十五條 (a) 日本은 本條約이 發效後 九個月以內에 한 申請에 있어 一九四一年十二月七日부터 一九四五年九月二日間에 日本에 駐在한 聯合國 又는 其國民의 日本內에 있는 모든 種類의 財産 即 動産 或은 不動産 又는 權利 或은 利權을 其所有者가 脅迫 或은 詐欺없이 自由로이 處分한 것이아니면 其申請日부터 六個月以內로 返還한다

이러한 財産은 戰爭으로 因하여 받게된 모든 負擔과 費用에서 免除되고 又는 返還된다 其返還에 對한 費用은 免除된다

所有者가 前記期間中 返還申請을 하지않은 財産은 日本政府의 決定에

따라處分될것이다

이러한 財産이 一九四一年十一月七日에日本內에所在하고未返
還되고又는損傷或은破壊를입었을境遇에其補償은一九五一年
月 日의日本議會에서制定된法律第　號에따라定한다

(b)
戰爭中被害當한工業財産權에關하여日本은一九四九年九月
一日字閣令第三○九號、一九五○年一月二十八日字第十二號
一九五○年二月一日字第九號및現在의모든改正令에依하여千
今以上의利益을聯合國및其國民에게繼續附與한다　但이러한
國民은其中에規定된期限內에이러한利益이適用된다

(C)
(i)
日本은一九四一年十二月六日日本에있던著作權이聯合國
및其國民의出版物又는未出版物과같이同日字로부터繼續有
效하다는것을認定하고日本이同日에當事國이었던條約과協
定의作用으로써이러한條約과協定이日本或은關係國際聯合

一九

國의 國內法으로 廢棄 或은 中止 如何를 不拘하고 同日後 發生하

였고 或은 戰爭이 없어도 發生하였을것이라는 權利를 認定한다

權利의 所有者로써 請求에 對한 必要없이 又는 手數料의 支拂

或은 其他 形式의 承諾없이 一九四一年十二月七日부터 本條約

(ii) 發效時까지 이러한 權利의 正常的 期限이 繼續함을 除外한다

또 이러한 期限은 六個月의 期限을 加하여서 出版作品에 對하여

日本에서 飜譯權을 獲得하기 爲하여 日本文으로 飜譯하는 其期

日을 除外한다

附記 本條 (a)項은 日本이 通過시키는 立法機関의 受諾에 依한

다

(b)項은 一九五一年九月三十日까지의 期日 延長이 関係閣令

下에 適用시키기 爲하여 取得할수 있다고 看做한다

第十六條 日本의 捕虜로 虐待를 받은 聯合國武裝軍의 將兵에 對한

補償의 意思表示로써 日本은 戰時中中立國에있는 日本又는 其國
民의 財産 或은 聯合國의 參戰國內에있는 日本又는 其國民의 財産
或은 同等히 財産을 國際赤十字委員會에 移讓한다
其委員會는 이러한 財産을 處分하고 또 其殘余金을 前捕虜又는 其
家族에게 公正한 基礎에서 分配한다
本條第十四條 (a) (2) (i) (2)및 (v)項까지의 各項에 言及된 財産을 移讓
에서 除外한다
本條의 財産移讓條項은 日本의 財政機關으로써 所有하고 또 現在
國際淸算銀行에있는 二一九、七七〇株에 對하여는 適用되지않음
을 附記한다
記　　兼 國內의 日本財産은 將來考慮함
第十七條 (a)　　日本政府는 聯合國의 要請에 따라 國際法에 準據하여
日本捕獲審檢所의 其聯合國國民의 所有權에 對한 判決又는 規定

二一

을 再審 又는 改正하고 또 判決 又는 規定을 包含한 事件處理에 關한 모든 記錄의 寫本을 提出한다

再審 或은 訂正에 依하여 返還이 應當하다고 看做하는 境遇 第十五 條의 規定이 關係財産에 適用된다

(b) 日本政府는 必要한 措置를 取하여 聯合國國民에게 本條約發効 後一個年內에 隨時 日本乃至當局에 陳情하여 一九四三年十二月 七日부터 本條約發効時까지 原告 或은 被告로서 適切한 陳述을 하지 못한 訴訟手續에 對한 日本法廷의 判決을 再審하도록 提起하는 便宜를 圖謀한다

日本政府는 이러한 判決로써 聯合國國民이 被害를 當하였을 境遇 本人에게 判決以前狀態로 復舊或은 狀況에따라 正當하고 公正한 救護의 附與를 規定한다

第十八條 ⓐ 戰爭狀態의 調停은 戰爭의 存在 前에 取得한 債務 又는 契

約(債權關係를包含)으로生긴金錢上의債務履行에同等의影響이없고또이는日本政府또는日本人의聯合國又는其國民에게對한權利或은聯合國政府又는其國의日本政府又는日本人에게對한權利이다

戰爭狀態의調停은戰爭存在前에生긴財産上의損失或은被害又는個人的身体上의被害或은死亡에關한是非問題를考察하는義務에影響이없다고看做한다·

이는聯合國政府와日本政府相互間에告發又는再告發될수가있다

(b)

本項의規定은第十四條에關한權利를不損한다

日本은日本國의戰爭前의對外債務와이에따르는日本國이責任지는法人團体의債務를承認又는早速한時日內에債權者와員債支拂에關한交涉을할意思를認定한다

또 日本은 戰爭前의 個人的 請求権 又는 債務에 関하여 交渉할것이

따라서 其金額을 移讓한다

第十九條 (a) 日本은 戰爭으로부터 或은 戰爭의 存在로 因하여 取한

行爲로부터 生긴 聯合國 又는 其國民에 對한 日本 又는 日本人의 모

든 請求権을 抛棄한다

또 本條約 發効前 日本領土內에서 聯合軍의 態度 又는 行動 或은 聯

合國의 當局으로부터 生기는 모든 請求権을 抛棄한다

(b) 前項의 抛棄는 一九三九年九月一日부터 本條約의 發効時까지 日

本船舶에 関하여 聯合國에서 取한 態度로부터 生긴 모든 請求権과

聯合國이 取扱하는 日本人戰犯 又는 民間財産에서 生긴 모든 請求

権 又는 負債를 包含한다

(C) 相互葉権問題로 日本政府는 日本政府 又는 日本人을 爲하여 獨

逸 又는 獨逸人에 對한 戰爭中의 損失에 関한 政府相互間의 請求를

已合한 모든 請求權을 抛棄한다 但 (a) 一九三九年 九月 一日 前에 締結된 契約 又는 獲得한 權利 (b) 一九四五年 九月 二日 後 日本獨逸間 通商 又는 財政関係로부터 生기는 請求權은 除外한다

第二十條 日本은 日本獨逸間의 財産을 整理하는 或은 決定되어 있을 것 같은 伯林 會議의 議定書에 相互 權利附與를 日本内의 獨逸財産의 處分을 確保하기 爲하여 必要한 方法을 取한다

同財産의 最後的 處分權을 未이나 保存 又는 管理의 責任이 有하다

第二十一條 本條約 第二十五條의 規定이 有함에도 不拘하고 中國은 第十條 및 第十四條(a)2의 利益에 関한 權利가 附與되고 또 韓國은 本條約 第二條、第九條 및 第十二條의 利益에 関한 權利가 附與된다

二五

第六章 紛爭의 解決

第二十二條 本條約의 當事局意見에 있어 條文의 解釋或은 施行에 関한 紛爭이 發生하면 其 紛爭은 當事局의 要請에 依하여 國際司法 裁判所로 移讓한다

日本및 國際司法裁判所의 當事國으로되어있지않은 聯合國은 本 條約이 批准될時 一九四六年十月十五日安全保障理事會의 決議에따라 本條項에 言及된 紛爭의 性格에 関하여同司法裁判所의 特別한 同意가 없어도 其 裁判權을 認定하겠다는 一般宣言을 同司法裁判所에 登錄한다

第七章 結末

第二十三條 本條約은 日本을 包含한 署名하는 國家에 對하여 批准

되고 또 批准된 모든 國家에 發效한다

批准書는 左의 主要占領國으로서 美國을 包含한 日本 및 過半數의

聯合國에 寄託된다

濠洲、버ー마、加奈陀、새이롱、佛蘭西、印度、인도네시야,

和蘭、뉴ー지란드、파키스탄、比律賓、英國및北아이루란드.

쏘聯、美國

따라서 批准하는 各國家는 批准書寄託日로 發效한다

第二十四條　모든 批准書는 本條約第二十三條(b)項의 寄託又는 모

든 署名國家에 通告하는 美國政府가 寄託한다

第二十五條　本條約의 目的으로서 聯合國은 本條約을 署名하고 또

批准하는 國家이고 日本과의 戰爭에 있었던 國家이다

第二十一條의 規定에 따라 本條約은 聯合國이 明言치않은 國家에

對하여서는 如何한 權利도 附與하지않고 또 聯合國이 明言치않은

二七

國家를 爲하여 本 條約의 規定으로서 日本을 損傷시키는 權利가 없

다

第二十六條 日本은 一九四二年 一月 一日의 國際聯合宣言에 署名

하고 또 固守한 國家 또는 日本과 戰爭에 있는 國家 또는 本條約에 署

名이 없는 國家와 三本條約에 規定된바와 如히 同期間中에 平和條

約을 締結토록 準備한다

日本側의 이義務는 本條約 發効後 三個年을 滿期로 한다

日本은 平和解決 或은 本條約에 規定된 以上의 利益을 附與토록 國

家와 軍事解決을 한다

이利益은 本條約當事國에 미친다

第二十七條 本條約은 美國政府記錄保存所에 寄託한다

美國은 確定한 同寫本을 提供하고 本條約第二十三條 ⓐ項下에 本

條約發効의 日을 各國에 通告한다

本條約에 署名하는 各國全權委員

一九五〇年　月　日

英、佛、蘇 및 西의 各國語로 또 日語로

二九

宣 言

이날에 署名될 平和條約에 關하여 日本政府는 다음과 같은 宣言을한다

1. 所謂平和條約에있어 別途用意가없으면 日本은 一.九四九年九月一日에關係하였든 모―든有效的인 許多한國際機構의能力을是認하고 또 所謂條約의實施에있어 이機構下에 모―든權利와義務가回復될것을宣言한다

何如間 어느機構에加入한다는것은 日本이一九三九年九月一日 或은 其後에加盟한것을 一旦抛棄한 國際機關에加入함을意味하고 本節項의規定은 日本이 其機關에加入을再是認하는데 依據할것이다

2. 平和條約實施 六個月 以內에 다음 國際機構에 加入하는 것은
日本政府의 禮儀上의 意向이다

(1)
一九一二年一月二十三日、一九二五年二月十一日、一
九二五年二月十九日、一九三一年七月十三日、一九三
一年十一月二十七日 또는 一九三六年六月二十六日의
麻醉藥品에關한協商、調書및條約에修正 一九四六年十二
月十一日「그레이크석새스」에서調印하기爲하여 開催한議定
書

(2)
一九四六年十二月十一日「그레이크석새스」에서調印한議
定書에依하여 修正한바와같은 麻醉藥品의 製造制限및
分配를規定하기爲하여 一九三一年七月十三日 條約의
範圍以外로國際管理下에두고자 一九四八年十一月十九日
巴里에서調印하기爲하여 開催한議定書

(3) 一九二七年十月二十六日「제네바」에서 調印한 外國仲裁
判定書、執行에 關한 國際條約

(4) 一九二八年十二月十四日「제네바」에서 調印한 經濟
統計調書및 一九四八年十二月九日 巴里에서 調印한 經濟
統計에 關한 一九二八年의 國際條約을 修正한 議定書

(5) 一九二三年十一月三日「제네바」에서 調印한 關稅手續
單一化의 議定書에 關한 國際條約

(6) 一九三四年六月二日「倫敦」에서 調印한 商品의 出處에 關
한 虛偽表示防止에 對한 同意書

(7) 一九二九年九月十二日「와루소」에서 調印한 國際航空
에 關한 規定의 統一과 또 附加調書에 對한 條約

(8) 一九四八年六月十九日 倫敦에서 調印하기爲하여 開催한
海上生命保險에 關한 條約

(9) 戰爭被害者保護에對한 一九四九年八月十二日의 제네
바條約

3、 (a) 一九四四年十一月二十七日「시카고」에서調印하기爲
하여開催한　國際民間航空에關한條約과同時에 一九四四年
十一月七日「시카고」에서　亦而調印하기爲하여開催한 國
際航空路條約에同意함이　곧　其條約에의加入이며　또 (b)
一九四七年十月十一日「華盛頓」에서調印한　世界氣象組織에
關한條約에加入하는　日本의同意에對하여　適用하는것은
平和條約의實施六個月以內에하는　日本政府의意向과같다

[자료 3] 대일평화조약 최종 초안(1951. 8. 13)

JAPANESE PEACE CONFERENCE
San Francisco, California
September, 1951

Doc. 3
August 13, 1951

TREATY OF PEACE

WITH

JAPAN

Whereas the Allied Powers and Japan are resolved that henceforth their relations shall be those of nations which, as sovereign equals, cooperate in friendly association to promote their common welfare and to maintain international peace and security, and are therefore desirous of concluding a Treaty of Peace which will settle questions still outstanding as a result of the existence of a state of war between them;

Whereas Japan for its part declares its intention to apply for membership in the United Nations and in all circumstances to conform to the principles of the Charter of the United Nations; to strive to realize the objectives of the Universal Declaration of Human Rights; to seek to create within Japan conditions of stability and well-being as defined in Articles 55 and 56 of the Charter of the United Nations and already initiated by post-surrender Japanese legislation; and in public and private trade and commerce to conform to internationally accepted fair practices;

Whereas the Allied Powers welcome the intentions of Japan set out in the foregoing paragraph;

The Allied Powers and Japan have therefore determined to conclude the present Treaty of Peace, and have accordingly appointed the undersigned Plenipotentiaries, who, after presentation of their full powers, found in good and due form, have agreed on the following provisions:

CHAPTER I

PEACE

Article 1

(a) The state of war between Japan and each of the Allied Powers is terminated as from the date on which the present Treaty comes into force between Japan and the Allied Power concerned as provided for in Article 23.

(b) The Allied Powers recognize the full sovereignty of the Japanese people over Japan and its territorial waters.

CHAPTER II

TERRITORY

Article 2

(a) Japan, recognizing the independence of Korea, renounces all right, title and claim to Korea, including the islands of Quelpart, Port Hamilton and Dagelet.

(b) Japan renounces all right, title and claim to Formosa and the Pescadores.

(c) Japan renounces all right, title and claim to the Kurile Islands, and to that portion of Sakhalin and the islands adjacent to it over which Japan acquired sovereignty as a consequence of the Treaty of Portsmouth of September 5, 1905.

(d) Japan renounces all right, title and claim in connection with the League of Nations Mandate System, and accepts the action of the United Nations Security Council of April 2, 1947, extending the trusteeship system to the Pacific Islands formerly under mandate to Japan.

(e) Japan renounces all claim to any right or title to or interest in connection with any part of the Antarctic area, whether deriving from the activities of Japanese nationals or otherwise.

(f) Japan renounces all right, title and claim to the Spratly Islands and to the Paracel Islands.

Article 3

Japan will concur in any proposal of the United States to the United Nations to place under its trusteeship system, with the United States as the sole administering authority, Nansei Shoto south of 29° north latitude (including the Ryukyu Islands and the Daito Islands), Nanpo Shoto south of Sofu Gan (including the Bonin Islands, Rosario Island and the Volcano Islands) and Parece Vela and Marcus Island. Pending the making of such a proposal and affirmative action thereon, the United States will have the right to exercise all and any powers of administration, legislation and jurisdiction over the territory and inhabitants of these islands, including their territorial waters.

Article 4

(a) Subject to the provisions of paragraph (b) of this Article, the disposition of property of Japan and of its nationals in the areas referred to in Article 2, and their claims, including debts, against the authorities presently administering such areas and the residents (including juridical persons) thereof, and the disposition in Japan of property of such authorities and residents, and of claims, including debts, of such authorities and residents against Japan and its nationals, shall be the subject of special arrangements between Japan and such authorities. The property of any of the Allied Powers or its nationals in the areas referred to in Article 2 shall, insofar as this has not already been done, be returned by the administering authority in the condition in which it now exists. (The term nationals whenever used in the present Treaty includes juridical persons.)

(b) Japan recognizes the validity of dispositions of property of Japan and Japanese nationals made by or pursuant to directives of the United States Military Government in any of the areas referred to in Articles 2 and 3.

(c) Japanese owned submarine cables connecting Japan with territory removed from Japanese control pursuant to the present Treaty shall be equally divided, Japan retaining the Japanese terminal and adjoining half of the cable, and the detached territory the remainder of the cable and connecting terminal facilities.

CHAPTER III

SECURITY

——————— (이하 생략) ———————

Dr. Oliver

REPUBLIC OF KOREA

OFFICE OF THE PRESIDENT

April 10, 1951

To : Mr. Sae Sun Kim

From: The President

Your letters of March 27th, April 2nd, 3rd and the enclosures arrived. Thank you for relaying the conference between the Foreign Minister and Dean Rusk.

The other day the Defense Ministry sent a cable inquiring as to where General Whang should proceed, either to Washington or New York, but so far no reply. He left Saturday for New York and we hope that Col. Kang can return as soon as possible.

We realize that the training program is not to be taken up by ECA as they have turned it over the UNKRA by April, therefore, it is very important to press on the UN people to start on this program immediately. I am sending you the name of someone who is supposed to be an authority on management Training Extension Program. I wish you would find out from Dr. Oliver if he knows the man and what he thinks of him finding out if he would consider to come out under the UNKRA. We have to find someone who is interested in Korea and has not been in Japan before. We would have to find someone who is interested in Korea and has not been in Japan before. All those who worked for Japan are without knowing pro-Japanese, that is, to a certain extent anti-Korean.

In regard to the school sponsorship project. For your confidential information Bishop Lew and Dr. Han have never been authorized to deal with this Federation. The Foreign Office will send you a letter addressed to the federation. That will clarify the government's position. *Prime Minister*

I have asked the Education Minister to supply us with the necessary data requested for their program. I hope that the Minister will comply with our request so that we can enclose it with our pouch. If you talk to them orally indicate that neither Bishop Lew or Dr. Han is authorized. Please do it discreetly so as not to embarrass them.

As you will see from the attached clipping the MA does make exception. It is just the question of approaching them. It might be that we should make the application to the Secretary of Commerce. As Korea does not have one seagoing vessel the American shipping interest cannot have any objection to it. If there is a victory vessel available through Younghan Choo we would rather have the victory ship than the liberty .

We fully realize that the State Department and other authorities were rather uneasy about MacArthur's statement. The inactivity of the UN forced him to take the initiative. Neither the State Department nor the UN dared to cross the 38th parallel. It was the ROKA who crossed and our declaration that we will cross even against military order gave the militarists a reason to press for it. Gen. MacArthur knew if he consults the State Department or the UN or the White House he will be told not to issue such a statement, therefore the only way to speed up action or rather the UN action for the USA he had to make this release. We were afraid that America will give in to the British appeasement policy. The State Department knows very well that American public opinion is for the firm decision to achieve the UN objective in Korea.

Thank you for sending the peace treaty draft. In the meantime we have obtained a copy from a private source here and I will let you know as soon as I have talked it over with the Prime Minister and the cabinet.

You have received a copy of the projects which we have asked the E&A to carry out for months. These are the most important improvements to make, particularly the highways. It is not only that we will provide up to date means of transportation for the army and later on for our reconstruction program but also by construction these highways we will save about 50 percent wear and tear. It should not be made on a basis of making a temporary army road but a good road bed with crated with tar or oil surfacing.

ARK says they have difficulties in unloading its goods. ECA and some of our experts went to visit the ports of MOKPO and KUNSAN etc. They found good facilities there. The enemy had no time to destroy even the dry docks in Kunsan. All we need is good roads to haul the goods from there. Do impress UNKRA this project must be undertaken immediately with up-to-date machine which will belong to the government later on. We need the machines for the North and to connect our main roads.

We read in the newspaper that ECA bought from the army dredger Manhattan for 400,000 dollars ti dredge Bangkok harbor. Why can't we have some of these to dredge Pusan and some of the other ports? The ships have to pay twice as much insurance in getting to Korea and also freight because our harbors have not been depth-sounded for over 10 years.

We cabled you to inform Mr. McNutt that he should not talk to Gen. MacArthur in regard to the arming of our youth. We have written Gen. MacArthur several letters and he insists that it is Washington which is

- 3 -

holding it up,that is why we have asked Mr. McNutt to use his influence
there. I do not see why we should pay him for part of April. We have
never asked him to make this trip, but if you have done so it would be
all right. The fact is that he planed the trip long before.

Relief: Please hold the amounts which you received so far.   If the
checks are made payable to ARK, remit them, but the others hold in reserve
and if necessary turn over to Mr. Choo who is doing the crating and shipping of
relief goods at present time. I told Mr. Choo we have no reason to wait for
ARK or anyone to store goods in San Francisco. Clothing when collected can
be put on any army or navy ships immediately. They are only too glad to
comply with our request and we do not have to pay anything for it. Until
ARK has set up a working machinery please do not turn over the money to
them unless it is distinctly marked for them.

I do not see why one or two representatives of ARK could not come and
work in cooperation with the Unified Command and ROK officials. You can
send them the list of our distribution set-up and if they wish to be on it
there is no reason why they should not.come to Korea. We have enough
warehouses in Kunsan and if necessary Chinhae to receive the goods or
even Mokpo. We do not have to both with Pusan. I wish you could
quietly ask Mr. Ramsay to make an application to the Embassy for one or
two persons to come to Korea and you cable that request to us. I will
in return send the request to Gen. MacArthur and and let ARK
announce in the newspaper that they have applied for visa to come to
Korea to supervise the distribution of the relief goods there. MacArthur
is afraid of bad publicity and cannot ignore the request if it is
sufficiently made known. He lets the Red Cross people wait in Tokyo
for three weeks (British and Americans) but had to issue clearance in the
end. Publicity did bring the result. Please cable us and we will
make a release welcome the ARK representatives so that it will be
very difficult for MacArthur to turn them down.

ACTION
is assigned to

FE

RAF
HBE

KOREAN EMBASSY
WASHINGTON, D. C.

May 7, 1951

Your Excellency,

I have the honor to transmit here-
with the text of the comments and suggestions
received from my Government on the Provisional
Draft of a Japanese Peace treaty.

Please accept, Excellency, the renewed
assurances of my highest consideration.

Sae Sun Kim

Sae Sun Kim
Charge d'Affaires a.i.

694. 001/5-751

CS/MC

His Excellency

Mr. Dean Acheson

Secretary of State

Washington, D.C.

SECRET

April 27, 1951

The Government of the Republic of Korea has the honor to offer the follow-
ing suggestions and comments in connection with the Provisional Draft of a
Japanese Peace Treaty. It is urged that full and careful consideration be given
to the matters set forth herein prior to any final decision which may affect
the rights of the Republic of Korea, its properties and the rights and proper-
ties of its nationals. It is further requested that the designated representa-
tives of the Republic of Korea be consulted prior to any final decision or
formulation of policy on any matter which may affect the sovereign rights of
this nation.

PREAMBLE

The Republic of Korea desires that the term "the Allied Powers" as used
throughout the draft be defined to specifically include the Republic of Korea.

The Republic of Korea should be a party to the proposed Japanese Peace
Treaty as one of the Allies. The position of Korea in relation to the Japanese
Peace Treaty is similar to that of Poland in the Versailles Peace Treaty. The
fact that the Korean Provisional Government declared war on Japan during World
War II and that the Koreans abroad fought the Japanese as an organized military
entity, both in Manchuria and on the mainland of China, is enough to satisfy the
qualifications of an "ally" as defined in Clause 18 of the Provisional Draft of a
Japanese Peace Treaty. This is also directly implied in the fact that, in
the Memorandum, Korea is enumerated among the countries which were consulted
prior to the formulation of the Provisional Draft.

It is also requested that any future status which may be acquired by Japan
in connection with an application for membership in the United Nations be limited

-2-

to a status equivalent to that enjoyed by the Republic of Korea.

In connection with the "objectives of the United Nations Universal Declaration of Human Rights", your attention is respectfully directed to the fact that some seven hundred thousand Korean nationals, now resident in Japan, are entitled to all the rights, privileges and protection accorded to the nationals of the other Allied Powers. Further, Korean business men, students, tourists and all other Korean nationals legally and properly in Japan should be entitled to equal treatment with nationals of other Allied Powers.

At the present time Korean nationals in Japan do not enjoy a status equal to that occupied by the nationals of the other Allied Powers and in fact are often discriminated against.

In view of the fact that Korean nationals constitute the largest group of non-Japanese residents in Japan, it is urged that a full understanding concerning their legal status be arrived at prior to the execution of the proposed treaty.

CHAPTER III - TERRITORY

In the firm belief that justice is the only basis for a lasting peace, the Republic of Korea requests that thorough study be given to the territorial status of the Island of Tsushima. Historically, this Island was Korean territory until forcefully and unlawfully taken over by Japan. In paragraph numbered 5, Japan is ordered to hand over to the Union of Soviet Socialist Republics the southern half of Sakahalin, all adjacent islands and, in addition, the Kurile Islands. In vew of this fact the Republic of Korea requests that Japan specifically renounce all right, title and claim to the Island of Tsushima and return it to the Republic of Korea.

CHAPTER IV - SECURITY

In connection with the parenthetically enclosed paragraph headed "Note", following number paragraph 7, it is requested that consideration be given to the importance of the Republic of Korea in the maintenance of peace and security in the Pacific. The key position occupied by Korea in geographical

relationship to other Asiatic powers makes its security of primary importance
in the maintenance of peace.

It is desirable that the Allied Powers develop some method or formula
by which Korea and Japan, acting in concert, can insure the maintenance of
security in the Pacific in cooperation with other Allied Powers, without
permitting Japan to develop armament constituting a threat to Korean security.
An "armament race" between Japan and Korea would be detrimental to the economies
of both nations and to the over-all objectives of the United Nations Charter.

CHAPTER V - POLITICAL & ECONOMIC CLAUSES

In connection with paragraphs numbered 9 and 10, the Republic of Korea
requests that the "MacArthur Line" delimiting the areas of zones available
to Japanese and Korean fishing operations be accorded the same status as
the "prewar bilaterial treaties" referred to therein and that the Republic
of Korea be specifically empowered to notify Japan that the said "MacArthur
Line" shall be continued in its present form.

As written, Clause 9 of the Provisional Draft omits high seas fisheries
and, presumably, leaves the subject for consideration in later, separate "bi-
lateral or multilateral agreements." At best, this will cause the interested
nations to remain in a state of non-agreement as distinguished from disagree-
ment and cannot help but lead to international frictions in regard to high
seas fisheries.

Therefore, the need is felt that this matter should be clearly stipu-
lated in the Japanese Treaty with a view to facilitating the ensuing fisheries
treaties by giving a guiding principle embodying the existing realities of
the situation.

As the Japanese fishing is limited by the "MacArthur Line" at present,
such marine resources as are essential to the coastal fisheries of all the
Oriental nations and their fisheries are not threatened. The preservation
of the status quo is essential to the security of those nations.

During the forty years in which Korea was under the domination of Japan, the Japanese monopolized every means of livelihood, including the Korean fishing waters. Although unable to enter into a bilateral treaty under these circumstances, Koreans living in and outside of their own country maintained a status of belligerency with Japan which continued until 1945.

The recent, repeated violations of the restrictions imposed by the "MacArthur Line" on the part of certain Japanese fishing interests is an indication of their future intentions. The Republic of Korea has always observed these restrictions and will continue to do so. Public opinion within Korea has become greatly aroused in protest against the unlawful acts of the Japanese in invading Korean fishing waters. Unless the proposed Treaty takes into consideration the fact that the "MacArthur Line", which follows the historic division line, is equivalent to a "prewar bilateral treaty", the Korean people will feel justified in protecting their rights by whatever means may be necessary. Future peace is dependent upon the fair and just disposition of this problem.

In connection with this Chapter, the Republic of Korea insists that due consideration should be given to the fact that Korea, for the past forty years of Japanese domination and oppression, has been unable to conclude treaties while other nations have been able to protect their rights through bilateral agreements. Paragraph 10 should be re-written to provide that Korean rights are equally protected with those of Allied Powers having "prewar bilateral treaties" with Japan.

Any so-called "treaties" between Japan and Korea, entered into prior to 1945 while Korea was under the imperialistic domination of Japan, are not in fact treaties and the Republic of Korea considers any or all such "treaties" to be null, void and of no effect whatsoever.

CHAPTER VI - CLAIMS AND PROPERTY

The Republic of Korea has made no claim for reparations. The policy of this Government is to demonstrate a willingness to live in peace with its neighbor Japan and to forgive and forget the past. If Japan is reasonable, Korea will be reasonable. It is the belief of this Government that most of such questions can be settled by a separate treaty between Japan and Korea.

In connection with this Chapter it is respectfully submitted that full consideration be given to all matters involving property problems, including those arising from Japanese ownership of property in Korea as well as those which arise from the ownership and interests of the Korean Government and its nationals in property located in Japan.

All the properties of Japan and of Japanese nationals, which between December 7, 1941 and September 2, 1945 were within Korea should belong to Korea, by virtue of Clause 14 of the Provisional Draft. By Ordinance No. 33 of the United States of America Military Government in Korea issued on December 6, 1945, all the properties in the above-mentioned category were transferred to USAMGIK. Again by the first financial and economic agreement between the Republic of Korea and the United States, concluded on September 11, 1948, the same properties were legally transferred to the Republic of Korea. They are now within the jurisdiction of the Vested Property Disposal Law. In the light of the above singular background, the exdeptions provided in Clause 14 cannot be justifiably applied to the properties of Japan and of its nationals in Korea.

If the exceptions to Clause 14 are applicable, the incongruity is obvious. Exception (1) exempts from seizure "property of Japanese nationals permitted to reside in one of the Allied Powers and not subjected to special measures prior to September 2, 1945." This exceptional clause apparently is not to be applied to territories which had been under Japanese domination up to September 2, 1945, that is, territories later renounced by Japan, or to those administered by any of the Allies under United States trusteeship, since, in those territories, no "special measures" possibly could have been taken.

Again Exception (III) exempts from seizure "property of non-political, religious, charitable, cultural or educational institutions." Generally speaking, this sounds rational. But, so far as Korea is concerned, all the Japanese institutions of the above description in Korea were one and all mere tools of Japanese imperialism and the Japanization of Korea, and, literally, no Japanese institution in Korea was non-political.

Again, while it is stipulated that Japan concede to the Allies "all property, rights and interests of Japan and of Japanese nationals which between December 7, 1941 and September 2, 1945, were within their territories, or within territories renounced by Japan, or within territories administered by any of them under United Nations trusteeship", Exception (IV) exempts from seizure "property located in Japan". If those territories had been under the control of the "Allie: during the above-specified period of time, the property in question would have been safe in their custody without any transferal or removal occuring during the period. As it was, those territories were controlled throughout the specified period, particularly even after August 9, 1945, on which date Japan offered to surrender and after which much of the property in question, particularly movables and ships were removed to Japan. This important fact is not given consideration at all in the exceptional clause in question. It should be supplementarily stipulated, therefore, that the property deliberately removed to Japan on and after August 9, 1945 from the Allies' territories, or from territories renounced by Japan, or from territories administered by any of them under United Nations trustee ship should be regarded "located" in those territories, not in Japan.

The Provisional Draft stipulates, in Clause 15, that Japan "return, upon demand, within six months from the first coming into force of this treaty, the property, tangible and intangible, and all rights and interests of any kind, in Japan of each Allied Power and its nationals", while territories renounced by Japan or territories administered by any of the Allies under United Nations trusteeship and the inhabitants of those territories are made by the same Draft to waive their similar property, rights and interests. This is an infringement of the principle of parity. They, too, must have their property, etc., restored.

For example, certain buildings and properties in Japan belong to the Korean Government. These properties include the residence of Prince Yi, whose income has been derived from income from certain properties. General MacArthur agreed that these properties would be returned to the Republic of Korea whenever the Korean Government was ready to take them over and assume the obligation of providing for Prince Yi and his family. The Korean Government is now ready and able to assume these obligations and desires that the mentioned properties be turned back.

The Republic of Korea further requests that all properties belonging to Korean nationals in Japan which have been confiscated, be immediately restored. The Japanese confiscated the said properties, alleging that the Korean nationals owning same were Communists. However, property belonging to alleged Japanese Communists was not confiscated. The Korean Government requests that Japan accord the equal protection of the law to Korean nationals and that a provision be inserted in the proposed treaty which will insure the return of properties taken as described above.

Certain vested properties in Korea were confiscated by Japan during the Japanese occupation and the owners now demand that the Korean Government either return these properties or pay adequate compensation. These are just claims though a small sum of money in total and it is requested that the proposed treaty include specific provision for some form of reparation by Japan to cover this situation.

CHAPTER VII - SETTLEMENT OF DISPUTES

The Republic of Korea requests that it be made a party to the International Court of Justice.

CHAPTER VIII - FINAL CLAUSES

Paragraph numbered 18 defines "Allied Powers" for the purposes of the proposed treaty. The Republic of Korea wishes to point out that on March 1, 1919 Korean representatives formally declared the independence of Korea from Japan and from that date on until the liberation of Korea in 1945 engaged in a state of belligerency with Japan.

COMMENTS

It is the sincere desire of the Republic of Korea to support and cooperate with the United States and the United Nations in this treaty and in all other matters of mutual interest. In return, the sovereignty and territorial integrity of the Republic of Korea should be recognized and respected by all other nations. Democracy and freedom in Korea must be maintained and Communism stamped out. To

-8-

this we are committed and for this we are fighting.

Due to the peculiar status which Korea has occupied in relation to Japan, a status experienced by no other nation interested in this proposed Treaty, we request that the other Allied Powers specifically consider this fact and make appropriate provision therefor. The Republic of Korea has earned the right to assume her place as a sovereign equal with the Allied Powers and the proposed Japanese Peace Treaty should so state.

His Excellency Dr. John Foster Dulles
Ambassador of the United States
Department of State
Washington 25, D. C.

Your Excellency:

On the instruction of the Government of the Republic of Korea, I have the
honor to offer the following suggestions and comments in connection with the
Provisional Draft of a Japanese Peace Treaty. It is respectfully urged that
full and careful consideration be given to the matters set forth herein prior
to any final decision which may affect the rights of the Republic of Korea, its
properties and the rights and properties of its nationals. It is further res-
pectfully requested that the designated representatives of the Republic of Korea
be consulted prior to any final decision or formulation of policy on any matter
which may affect the sovereign rights of this nation.

Certain specific questions are raised at this time with respect to various
sections of the Provisional Draft of the Japanese Peace Treaty.

Preamble:

The Korean Government believes that it is important that the term, "the
Allied Powers," as used throughout the draft be defined to include specifically
the Republic of Korea.

It is requested that any future status which may be acquired by Japan in
connection with an application for membership in the United Nations should not
exceed a status equivalent to that enjoyed by the Republic of Korea.

In connection with the "objectives of the United Nations Universal Declara-
tion of Human Rights," your attention is respectfully directed to the fact that
some seven hundred thousand Korean nationals now resident in Japan are entitled
to all the rights, privileges and protection accorded to the nationals of the
other Allied Powers. Further, Korean businessmen, students, tourists and all
other Korean nationals legally and properly in Japan should be entitled to equal
treatment with nationals of the other Allied Powers.

At the present time, Korean nationals in Japan do not enjoy a status equal
to that held by the nationals of the other Allied Powers, and in fact are often
discriminated against.

-1-

In view of the fact that the Korean nationals constitute the largest group of non-Japanese residents in Japan, it is urged that a full understanding concerning their legal status be arrived at prior to the execution of the proposed treaty.

Chapter III - Territory:

In the firm belief that justice is the only basis for a lasting peace, the Government of the Republic of Korea requests that a thorough study be given to the territorial status of the Islands of Tsushima. Historically, the two islands called Tsushima were Korean territory until forcibly and unlawfully taken over by Japan. In paragraph numbered 5, Japan is ordered to hand over to the Union of Soviet Socialist Republics the southern half of Sakhalin, all adjacent islands and, in addition, the Kurile Islands. In the belief that Korea should be accorded full and equal justice and equality of treatment, the Republic of Korea requests that Japan specifically renounce all right, title and claim to the Islands of Tsushima and return them to the Republic of Korea.

Chapter IV - Security:

In connection with the parenthetically enclosed paragraph headed "Note," following the numbered paragraph 7, it is requested that consideration be given to the importance of the Republic of Korea in the maintenance of peace and security in the Pacific. The key position occupied by Korea in geographical relationship to other Asian Powers makes its security of primary importance in the maintenance of peace.

It is desirable that the Allied Powers develop some method or formula by which Korea and Japan, acting in concert, can insure the maintenance of security in the Pacific in cooperation with other Allied Powers, without permitting Japan to develop armament constituting a threat to Korean security. An "armament race" between Japan and Korea would be detrimental to the economies of both nations and to the over-all objectives of the United Nations Charter.

Chapter V - Political and Economic Clauses:

In connection with paragraphs numbered 9 and 10, the Government of the Republic of Korea requests that the "MacArthur Line" delimiting the areas or zones available to Japanese and Korean fishing operations be accorded the same status as the "prewar bilateral treaties" refered to therein, and that the Republic of Korea be specifically empowered to notify Japan that said "MacArthur Line" shall be continued in its present form.

During the forty years in which Korea was under the domination of Japan, the Japanese monopolized every means of livelihood including the Korean fishing waters. Although unable to enter into a bilateral treaty under these circumstances, Koreans living in and outside of their own country maintained a state of belligerency with Japan which continued until 1945.

The recent, repeated violations of the restrictions imposed by the "MacArthur Line" by certain Japanese fishing interests is an indication of their future intentions. The Republic of Korea has always observed these restrictions and will continue to do so. Public opinion within Korea has become greatly aroused in protest against the unlawful acts of the Japanese in invading Korean fishing waters. Future peace is dependent upon the fair and just disposition of this problem.

In connection with this chapter, the Republic of Korea insists that due consideration be given to the fact that Korea, for the past forty years unjustly held under Japanese domination and oppression, has been unable to conclude treaties while other nations have been able to protect their rights through bilateral agreements. Paragraph 10, it is requested, be re-written to provide that Korean rights are equally protected with those of Allied Powers having "prewar bilateral treaties" with Japan.

Any so-called "treaties" between Japan and Korea, entered into prior to 1945, while Korea was under the imperialistic domination of Japan, are not in fact treaties, and the Republic of Korea considers any or all such "treaties" to be null, void and of no effect whatsoever.

Chapter VI - Claims and Property:

The Republic of Korea has made no claim for reparations. The policy of the Government of the Republic of Korea is to demonstrate a willingness to live in peace with its neighbor, Japan, and to forgive and forget the past. If Japan is reasonable, Korea will be reasonable. It is the belief of this Government that most of such questions can be settled by a separate treaty between Japan and Korea, providing that the just and proper status of the Republic of Korea as a member of the Allied Powers is recognized in the Japanese Peace Treaty.

In connection with this chapter, it is respectfully submitted that the following matters be settled prior to the final execution of the proposed treaty:

Certain buildings and properties in Japan belonging to the Korean Government. These properties include, for example, the residence of Prince Yi whose income has been derived from certain properties. General Douglas MacArthur agreed that these properties would be returned to the Republic of Korea whenever the Korean Government was ready to take them over and assume the obligation of providing for Prince Yi and his family. The Korean Government is now ready and able to assume these obligations, and desires that the above mentioned properties be returned to the Korean Government.

The Republic of Korea further requests the immediate restoration of all properties belonging to Korean nationals in Japan which have been confiscated by Japan. The Japanese Government confiscated said properties alleging that the Korean nationals owning them were Communists. However, properties belonging to alleged Japanese Communists were not confiscated. The Korean Government requests that Japan accord the equal protection of the law to Korean nationals, and that a provision be inserted in the proposed treaty which will insure the return of properties taken as described above.

Certain vessels and other property in Korea were confiscated by Japan during the Japanese occupation, and the owners now demand that the Korean Government either return these properties or pay adequate compensation. These are just claims, though small in the total amount of money involved. It is requested that the proposed treaty include specific provisions for some form of compensation by Japan to cover this situation.

Chapter VII - Settlement of Disputes:

The Government of the Republic of Korea requests that it be made a party to the International Court of Justice.

Chpter VIII — Final Clauses:

Paragraph numbered 18 defines "Allied Powers" for the purposes of the proposed treaty. The Republic of Korea wishes to point out that on 1 March 1919, Korean Representatives formally declared the independence of Korea from Japan, and from that date on until the liberation of Korea in 1945 engaged in a state of belligerency against Japan.

Comments:

It is the sincere desire of the Republic of Korea to support and cooperate with the United States and the United Nations in this treaty and in all other matters of mutual interest. In return, the sovereignty and territorial integrity of the Republic of Korea should be recognized and respected by all other nations. Democracy and freedom in Korea must be maintained and communism stamped out. To this we are committed and for this we are fighting.

Due to the peculiar status which Korea has occupied in relation to Japan, a status experienced by no other nation interested in this proposed treaty, we request that the other Allied Powers specifically consider this fact, and make appropriate provisions therefor. The Republic of Korea has earned the right to assume her place as a full and equal sovereign nation among the Allied Powers, and the proposed Japanese Peace Treaty should so state.

With renewed assurances of highest consideration, I am

Sincerely yours,

B. C. Limb
Permanent Representative of Korea
To the United Nations

ROUGH DRAFT — FOR COMMENT AND SUGGESTION

The Government of the Republic of Korea has the honor to
offer the following suggestions and comments in connection with the
Provisional Draft of a Japanese Peace Treaty. It is urged that full
and careful consideration be given to the matters set forth herein
prior to any final decision which may affect the rights of the Republic
of Korea, its properties and the rights and properties of its nationals.
It is further requested that the designated representatives of the
Republic of Korea be consulted prior to any final decision or formulation
of policy on any matter which may affect the sovereign rights of this
nation.

PREAMBLE

The Republic of Korea desires that the term "the Allied Powers"
as used throughout the draft be defined to specifically include the
Republic of Korea.

It is requested that any future status which may be acquired
by Japan in connection with an application for membership in the
United Nations be limited to a status equivalent to that enjoyed by
the Republic of Korea.

In connection with the "objectives of the United Nations Universal
Declaration of Human Rights", your attention is respectfully directed
to the fact that some seven hundred thousand Korean nationals now resident
in Japan are entitled to all the rights, privileges and protection accorded
to the nationals of the other Allied Powers. Further, Korean businessmen,
students, tourists and all other Korean nationals legally and properly

in Japan should be entitled to equal treatment with nationals of the
other Allied Powers.

At the present time Korean nationals in Japan do not enjoy a
status equal to that occupied by the nationals of the other Allied Powers
and in fact are often discriminated against.

In view of the fact that the Korean nationals constitute the
largest group of non-Japanese residents in Japan, it is urged that a full
understanding concerning their legal status be arrived at prior to the
execution of the proposed treaty.

CHAPTER III - TERRITORY

In the firm belief that justice is the only basis for a lasting
peace, the Republic of Korea requests that through study be given to
the territorial status of the Island of Tsushima. Historically, this
Island was Korean territory until xx forcefully and unlawfully taken
over by Japan. In paragraph numbered 5, Japan is ordered to hand over
to the Union of Soviet Socialist Republics the southern half of Sakahalin, all
adjacent islands and, in addition, the Kurile Islands. In view of this
fact the Republic of Korea requests that Japan specifically renounce all
right, title and claim to the Island of Tsushima and return it to
the Republic of Korea.

CHAPTER IV - SECURITY

In connection with the parenthetically enclosed paragraph
headed "Note", following numbered paragraph 7, it is requested that
consideration be given to the importance of the Republic of Korea in the
maintenance of peace and security in the Pacific. The key position
occupied by Korea in geographical relationship to other Asiatic powers
makes its security of primary importance in the maintenance of peace.

It is desirable that the Allied Powers develop some method or formula by which Korea and Japan, acting in concert, can insure the maintenance of security in the Pacific in cooperation with other Allied Powers, without permitting Japan to develop armament constituting a threat to Korean security. An "armament race" between Japan and Korea would be detrimental to the economies of both nations and to the over-all objectives of the United Nations Charter.

CHAPTER V - POLITICAL & ECONOMIC CLAUSES

In connection with paragraphs numbered 9 and 10, the Republic of Korea requests that the "MacArthur Line" delimiting the areas or zones available to Japanese and Korean fishing operations be accorded the same status as the "prewar bilateral treaties" referred to therein and that the Republic of Korea be specifically empowered to notify Japan that the said "MacArthur Line" shall be continued in its present form.

During the forty years in which Korea was under the domination of Japan, the Japanese monopolized every means of livelihood, including the Korean fishing waters. Although unable to enter into a bilateral treaty under these circumstances, Koreans living outside of their own country maintained a state of belligerency with Japan which continued until 1945.

The recent, repeated violations of the restrictions imposed by the "MacArthur Line" by certain Japanese fishing interests is an indication of their future intentions. The Republic of Korea has always observed these restrictions and will continue to do so. Public opinion within Korea has become greatly aroused in protest against the unlawful acts of the Japanese in invading Korean fishing waters. Unless the proposed Treaty takes into consideration the fact that the "MacArthur Line" which follows the historic diviing line, is equivalent to a "prewar bilateral treaty", the Korean people will feel justified in protecting their rights by whatever moans may be necessary. Future peace is dependent upon the fair and just disposition of this problem.

In connection with this Chapter, the Republic of Korea insists that due consideration should be given to the fact that Korea, for the past forty years of Japanese domination and oppression, has been unable to conclude treaties while other nation have been able to protect their rights through bilateral agreements. Paragraph 10 should be re-written to provide that Korean rights are equally protected with those of Allied Powers having "prewar bilateral treaties with Japan.

Any so-called "treaties" between Japan and Korea, entered into prior to 1945 while Korea was under the imperialistic domination of Japan, are not in fact treaties and the Republic of Korea considers any or all such "treaties" to be null, vois and of no effect whatsoever

CHAPTER VI - CLAIMS AND PROPERTY

The republic of Korea has made no claim for reparations. The policy of this Government is to demonstrate a willingness to live in peace with its neighbor Japan and to forgive and forget the past. If Japan is reasonable, Korea will be reasonable. It is the belief of this Government that most of such questions can be settled by a separate treaty between Japan and Korea.

(5)

In connection with this Chapter, it is respectfully submitted that the following matters be settled prior to the final execution of the proposed treaty:

Certain buildings and properties in Japan belong to the Korean Government. These properties include the residence of Prince Yi whose income has been derived from i come from certain properties. General MacArthur agreed that these properties would be returned to the Republic of Korea whenever the Korean Government was ready to take them over and assume the obligation of providing for Prince Yi and his family. The Korean Government is now ready and able to assume these obligations and desires that the mentioned properties beturned back.

The Republic of Korea further requests that all properties belonging to Korean nationals in Japan which have been confiscated, be immediately restored. The Japanese confiscated the said properties alleging that the Korean nationals owning same were Communists. However, property belonging to alleged Japanese communists was not confiscated. The Korean Government requests that Japan accord the equal protection of the law to Korean nationals and that a provision be inserted in the proposed treaty which will insure the return of properties taken as described above.

Certain vested properties in Korea were confiscated by Japan during the Japanese occupation and the owners now demand that the Korean Government either return these properties or pay adequate compensation. These are just claims and it is requested that the proposed treaty include specific provisions for some form of reparation by Japan to cover this situation.

CHAPTER VII - SETTLEMENT OF DISPUTES

The Republic of Korea requests that it be made a party to the International Court of Justice.

CHAPTER VIII - FINAL CLAUSES

Paragraph number 18 defines "Allied Powers" for the purposes of the proposed treaty. The Republic of Korea wishes to point out that on March 1, 1919 Korean representatives formally declared the independence of Korea from Japan and from that date on until the liberation of Korea in 1945 engaged in a state of belligerency with Japan.

COMMENTS

It is the sincere desire of the Republic of Korea to support and cooperate with the United States and the United Nations in this treaty and in all other matters of mutual interest. In return, the sovereignty and territorial integrity of the Republic of Korea should be recognized by all other nations. Democracy and freedom in Korea must be maintained and Communism stamped out. To this we are committed and for this we are fighting.

Due to the peculiar status which Korea has occupied in relation to Japan, a status experienced by no other nation interested in this proposed Treaty, we request that the other Allied Powers specifically consider this fact and make appropriate provision therefor. The Republic of Korea has earned the right to assume her place as a sovereign equal with the Allied Powers and the proposed Japanese Peace Treaty should so state.

SECRET

Comments on Korean Note Regarding U.S. Treaty Draft

(Numbers correspond with those pencilled in the margin of the note)

1. <u>Korea should be specifically designated an Allied Power</u>--Korea's status as an Allied Power will of course be made clear if it is decided to include Korea in the list of potential signatories in the Preamble of the May 3 draft.

2. <u>Korea should be permitted to sign the treaty, as Poland was the Versailles Treaty</u>--On examination Korea's case for participation in the treaty does not gain much support from the example of Poland after World War I. The Polish National Committee set up in Paris in 1917 under Paderewski was "recognized" and dealt with by all the principal western Allies. Although I have been unable to nail down the fact that it declared war on Germany it was set up for the purpose of fighting Germany and liberating Poland and can therefore be assumed to have done so. When Germany surrendered the Committee and the Regency Council, which had been set up by the Central Powers at Warsaw, got together and formed a Provisional Government of Poland which was recognized as such by the Powers before the Versailles Conference was convened. Poland had an army fighting in France even before 1917. The U.S. and other major powers, on the other hand, deliberately refrained from recognizing the "Provisional Government of Korea" as having any status whatsoever during World War II. The fact that that government declared war on Japan, and that Korean elements, mostly long time resident in Korea, fought with the Chinese forces, would therefore have no significance in our view. (The attached DRF study contains additional information bearing on Korea's right to participate in the Japanese treaty.)

3. <u>Japan's admission to the UN should be tied to Korea's</u>--The intention in this paragraph is apparently to ensure that Japan is not admitted to the UN if Korea is not. There would seem to be no basis for this position, though we have of course supported Korea's independent admission to the UN.

4. <u>Koreans in Japan should be accorded the status of Allied nationals</u>--The 700,000 Koreans in Japan are not now treated as Allied nationals. Their status approximates that of Japanese citizens, with some concessions in practice to their Korean origin. In its memorandum of April 23 for Mr. Dulles the Japanese Government said that it would not persist in its opposition to Korea being a signatory to the treaty "if it is definitely assured that by the said treaty Korean residents in Japan will not acquire the status of Allied Powers nationals". Considering their number, and the fact that these Koreans are in fact permanent residents of Japan rather than visitors or semi-permanent residents as in the case of other foreign nationals in Japan (except some 18,000 Formosan-Chinese who occupy a status somewhere between that of the Koreans and Allied nationals), the Japanese Government's objection to the Koreans' acquiring the status of Allied nationals seem justified. It is believed that the Japanese Government should be allowed after the treaty, and after stability is reestablished in Korea, to require all Korean residents in Japan to opt for Japanese citizenship or to submit to repatriation to Korea. Koreans would thereafter be readmitted to Japan in accordance with Japanese law and in the same general status as other foreigners.

5. <u>Tsushima should be "returned" to Korea</u>--Korea's claim to Tsushima is extremely weak. The relevant factors are discussed in the second attachment to this memorandum.

6.

20076

6. Korea should be included in any Pacific security system--This is something which is of course ultimately desirable, as for other main-land countries, but regarding which nothing can be promised now.

7. The "MacArthur (fishing) Line" between Korea and Japan should be preserved in the treaty--The position that Japanese fishermen should be permanently excluded from the fishing grounds on the Korea side of the "MacArthur Line" even exceeds the demands of our West Coast fishing people, and would in fact be far more serious for the Japanese fishing industry. The Korean demand should be denied for its direct effects and, even more, because of the precedent it would set. Contrary to the impression conveyed by the Korean Government's note, no nation had any bilateral treaties with Japan excluding Japanese fishing vessels from high seas areas adjacent to other nations.

8. Korea should be permitted to seize all Japanese property in Korea without regard to the exceptions listed in our draft--The Korean position on this point is justified. The new Article 5 of the U.S.-U.K. May 3 draft takes care of it.

The Korean Government seems, however, to have misunderstood our exception (iv) in Article 14 of the U.S. March draft (see first paragraph on page 6 of its note). The exception was intended to refer to the following of paper assets into Japan but the Korean Government has interpreted it as exempting from seizure by Korea physical property removed from Korea to Japan during the war, particularly between August 9 when Japan offered to surrender and September 2 when the surrender was accomplished. The Korean Government doubtless has ships in mind particularly. However, even though the exception has been misunderstood, the Korean point serves to call attention to the fact that Article 14 of the U.S. March draft would in fact not permit Korea to recover property which was removed from Korea at the time and in the manner the Korean Government mentions. Korea would only be permitted to retain properties "which between December 7, 1941, and September 2, 1945, were within (its) territories." The phrase "at any time" does not appear before "between" as it once did. In paragraph (a) of the new Article 5 of the May 3 U.S.-U.K. draft Japan renounces all rights to "property situated in the territories mentioned in Articles 2 and 4". Presumably this means property situated in those territories at the time of coming into force of the treaty, as in the Italian Treaty. Here again, therefore, the contingency cited by the Korean Government of property removed from Korea during the last stages of the war is not covered. Mr. Hemmendinger's attention has been called to this point.

9. Korea should have the same right as the Allied Powers to the restoration of Korean property in Japan--This is simply a misunderstand-ing. "Allied Powers" was intended to include Korea. We have had second thoughts on this question, of course, since the March draft.

10. "Korea requests that it be made a party to the International Court of Justice"--Apart from the rather peremptory tone of this request, Article 17 of the U.S. March draft makes special provision so that Allied Powers not parties to the Court may be empowered to enjoy the benefits of the treaty disputes provision.

11. Korea should be specifically included as an Allied Power--As earlier stated, it was intended that Korea be included as a signatory, hence coming within the definition of "Allied Powers" in the Preamble.

20077

Korea and the Peace Treaty

It has been intimated that the United States intends to invite Korea to join in the signing of the coming peace treaty. The Japanese government hopes the matter will be reconsidered by the American government on the following grounds.

Korea is one of the so-called "liberated nations" (a "special status nation" according to SCAP Memorandum of June 21, 1948), which is to achieve independence, as far as Japan is concerned, upon the conclusion of a peace treaty. The country, not having been in a state of neither war or belligerency, with Japan, cannot be considered an Allied Power.

Should Korea become a signatory to the Peace Treaty, the Korean nationals in Japan would acquire and assert their rights as Allied Nation nationals regarding property, compensations, etc. With her Korea residents numbering even today close to 1,000,000, (nearly, 1,500,000 at the war's end) Japan would be swamped with all manner of unverifiable and extravagant claims. It should be noted a majority of Korean residents in Japan are Communists.

The Japanese government believes it best to limit the peace treaty to renunciation by Japan of all rights, titles and claims to Korea (American Draft, Chapter III, Territory, 3), and recognition by her of Korea's full independence, and to leave the establishment of normal relations between the two countries to an agreement to be made at a later

<u>date</u>

date when the present Korean incident will have been settled and peace and stability restored to the peninsula.

April 23, 1951

CONFIDENTIAL

JAPANESE PEACE TREATY: PROPOSED
AMENDMENTS WITH COMMENTS.

General

1.   The Canadians are anxious to have the Articles of the Treaty re-numbered in accordance with the system applied to the United Nations Charter and other United Nations documents. We told them that there was some American objection to this and that while we sympathised with the suggestion we would not raise it again with the Americans ourselves.

Proposed Amendment	Origin	Comment.
Preamble.		
2. The term "Allied Powers" to be defined specifically to include Korea.	Korean Government in Notes dated 20th and 25th July (FJ 1022/799 and -/847)	This is not acceptable because Korea is not at war with Japan.
3. Any future status of Japan in connexion with membership of the United Nations to be limited to an equivalent status for Korea	Korean Government (see Note of 20th July at FJ 1022/799)	Although this request is somewhat obscure it should be rejected if it is intended to mean that Japan should not be admitted to the United Nations unless Korea is also admitted. Decisions concerning admission to the United Nations are the concern only of that organisation.
4. Korean nationals resident in Japan to be guaranteed the rights, privileges and protection accorded to the nationals of other Allied Powers.	Korean Government (see Note of 20th July at FJ 1022/799)	This is unacceptable because the large minority in Japan are very troublesome and are used by the Communists to create disturbances.
Article 2.		
5. The island of Tsushima to be transferred to Korea.	Korean Government (Note of 20th July from Korean Minister)	This is unacceptable because Tsushima has been Japanese since the dawn of Japanese history and the inhabitants are Japanese by speech, race and choice.
6. In paragraph (f) for "Spratly Island" substitute "Spratly Islands"	French Government (Note addressed by the French Ambassador at Washington to the State Department FJ 1022/839)	Accept.

/Article 4.

20211

Proposed Amendment	Origin	Comment
Article 4.		
7. In paragraph (a), delete "and 3" where it occurs.	Mr. Dulles in a conversation with Sir Esler Dening.	We have accepted this amendment (See Foreign Office telegram No. 3364 of 31st July to Washington).
Article 5		
8. Consideration to be given to the importance of Korea in the maintenance of peace and security in the Pacific.	Korean Government (Note of 20th July from Korean Minister)	The Koreans have made no specific request for an amendment to the Treaty. Presumably they want some guarantee or participation in a defence arrangement with the United States. It seems that no amendment to the Treaty is called for.
Article 7.		
9. The rights of Korea which naturally has no pre-war bilateral treaties with Japan to be safeguarded as effectively as are those of Allied Powers which have such treaties.	Korean Government (Note of 20th July from Korean Minister)	Because Korea has no such treaties it is impossible to put her in the position as if she had. It is impossible to select any list of bi-lateral treaties or any particular clauses as being universal or standard. This request is substantially covered by Article 21 which extends to Korea the benefits of Articles 2, 9 and 12.

/Article 9.

20212

부록 _ 관련 자료   209

Proposed Amendment	Origin	Comment

Article 9.

10. The "MacArthur line" defining areas available to Japanese and Korean fishermen to be given the same status as pre-war bi-lateral treaties.

Korean Government (see Note of 20th July at FJ 1022/799).

This request is met by the present draft of Article 9. No addition to this Article is called for or is likely to be accepted by the Americans.

Article 12.

11. That there should be no reference in Article 12 to the granting of most favoured national treatment.

French Government. Letter of 25th July from French Embassy FJ 1022/840)

This suggestion is based upon a misunderstanding of the intentions of Article 12 which does not oblige any Allied Power to grant most favoured nation treatment. The amendment should therefore be rejected.

12. In paragraph (e) delete "that paragraph" and insert "this Article".

Industrial Property Department of the Board of Trade (letter at FJ 1022/884).

If this amendment is not made it may be possible for the Japanese to argue that because the U.K. is not prepared to restore Japanese industrial property rights impaired during the war Japan is not obliged to give to British nationals the benefits of Article 15(b). If the amendment is made it is clear that the reciprocity provisions of Article 12(c) do not affect the obligations of Article 15(b) (see F.O. telegram to Washington No. 3371 of 31st July)

Article 14.
Reparations

13. The following countries have asked for provision to be made in the Treaty for payment of reparations by the Japanese:
Burma, Portugal, Philippines.

/14.

20213

Proposed Amendment	Origin	Comments
14. In paragraph(a)2(1) add "according to its laws" before "subject to its jurisdiction."	Canadian note of the 17th July	We do not wish to accept this as it is likely to cause controversy.
15. For paragraph (a)2(1)(i) substitute "Property of Japanese nationals who resided during the war in any territory of the Allied Power concerned which was not enemy property under the laws of that Power."	Canadian note of the 17th July.	While we agree the draft is simpler, we do not with to re-open a discussion on this paragraph with the Americans. The amendment would make the exception of no effect under United Kingdom legislation.
16. For paragraph (b) substitute "except as otherwise provided in the present Treaty, the Allied Powers waive all their reparation claims and other claims including those of their nationals arising out of any actions taken by Japan and its nationals in the course of the prosecution of the war as well as their claims for direct military costs of occupation".	Canadian note of the 17th July.	The existing text was arrived at after long discussion and we would not wish to re-open it.
17. Add at end of Article: "Where a security owned by a Japanese national has been issued by an Allied Power or by a government or private organisation or person within its territory but the certificate is in the territory of another Allied Power, the certificate, whether in registered or in bearer form, shall be released to the former Allied Power. Dividends and/or interest applicable to such securities, if held by the latter Allied Power will also be released to the former Allied Power."	Canadian note of the 17th July.	"This, is in effect, that where there are disputes as to the ownership of a Japanese-owned security of which the issuer was located in one Allied Power but of which the Certificate of Title is physically in the territory of another Allied Power, the security is to go to the country of issue, together with any dividends and/or interest applicable to the security. This is, in effect, writing the test of issue, so-called, into the Japanese Treaty. While this principle is embodied in the Agreements relating to German external assets between this country and the

/French
20214

| | | French (Cmd.7551) and the Netherlands (Cmd.8207) we do not consider it to be a question which is suitable for a multilateral convention; it is much better left for lilateral settlement. Our experience in I.A.R.A. over the last five years bears this out." (A.E.P.D. comment). |

18. In paragraph (a)2(1) (V) omit words "obligations of Japan or Japanese nationals."

A.E.P.D.

The Americans for reasons unknown, object to this omission which would mean that custodians of enemy property would have to give up their holdings of Japanese bonds expressed in yen. This goes beyond what is necessary to achieve the common object of us and the Americans, namely to prevent penetration of the Japanese economy.

19. For paragraph (a) and (a)(1) substitute:-
"It is recognised that Japan should pay reparation for the damage and suffering caused by the war and should make adequate reparation to the Allied Powers. Therefore, Japan agrees to promptly enter into negotiations with Allied Powers so desiring, whose present territories were occupied by Japanese forces, for the purpose of determining the amount of reparation to be paid by her, the manner of payment, the commencement and period of the time within which payment shall be made, and such other terms as may be necessary for the purpose of complying with its obligation: provided, however, that the agreement to pay reparations shall take into account the ability of Japan to pay, during the period that may

Philippine Government (See Manila telegrams Nos.55 and 56 of 28th July.)

This amendment is not acceptable. It imposes a much heavier burden of reparations upon the Japanese. The Americans will certainly reject the substance but may accept slight textual amendments. The International Court is already the authority for the settlement of disputes under Article 22.

/be

20215

Proposed Amendment	Origin	Comment
be stipulated, and shall avoid the imposition of additional liabilities from other Allied Powers. In case of disagreement between Japan and any one of the Allied Powers on any matter or subject of negotiations, the same shall be promptly referred to the International Court of Justice for settlement and final decision. The Jurisdiction of the International Court of Justice over all questions referred to it for settlement under this article shall include the authority to employ the assistance of any organ or agency of the United Nations for the enforcement of its orders or decision".		
20. For "Property of Japanese nationals" substitute "property of Japanese persons" in paragraph (a)2(I)(i).	A.E.P.D.	This is a consequential amendment necessary because of the insertion in Article 4 of the parenthesis stating that nationals includes juridical persons (see F.O. telegram to Washington No.3372 of 31st July).
21. For "property rights arising after" in paragraph (a)2(I)(iv) substitute "property, rights and interests which have come within its jurisdiction in consequence of"	Washington telegram 2217A	We have accepted this amendment (see Foreign Office telegram 3292 to Washington)
22. The first sentence to be split into two sentences as follows:- "It is recognised that Japan should in principle pay reparation for the damage and suffering which it has caused during the war. It is agreed however that Japan can pay reparation only to the extent compatible with the maintenance of its economy on a viable basis and with the need at the same time to meet its other obligations".	French Government. Letter of 25th July from French Embassy FJ 1022/840.	This is a minor drafting amendment which we may accept, if the Americans agree. But it is not worth pressing.

/23.

20216

23. In paragraph (a)2(I) (i) for "who during the war resided with the permission of the Government concerned in the territory of one of the Allied Powers" substitute "who during the war have been granted by the Government concerned permission for permanent and regular residence on the territory of one of the Allied Powers."	French Government. Letter of 25th July from French Embassy FJ 1022/840.	We prefer the original wording because aliens in this country are not given a "permit" but are given an endorsement on the passport.
24. In paragraph (a)2(I) (i) delete the reference to consular and diplomatic property.	French Government. Letter of 25th July from French Embassy FJ 1022/840.	We do not accept this amendment. Although there is something to be said for seizing consular and diplomatic property we have agreed with the Americans to exempt it in this Treaty.
25. In paragraph (a)2(I) (iv) for "property rights arising after" substitute "property rights arising from the resumption of commercial and financial relations between the country concerned and Japan which have been acquired after the date of this resumption and before the date of the coming into force of the Treaty".	French Government. Letter of 25th July from French Embassy 1022/840.	The amendment proposed in Washington telegram No. 2217A and accepted by us (see No. 21 above) already covers this point so far as it concerns "arising from the resumption of..." We do not think that "which have been acquired..." to the end adds anything but we would not object to its inclusion.
26. Delete paragraph (a) 2(IV).	French Government. Letter of 25th July from French Embassy FJ 1022/840.	It is unlikely that the Americans will agree to drop this sentence. As it commits the Allied Powers to very little we should not support the French on it.
27. Detailed provisions to be added to ensure that Korean property in Japan shall be recognised as Korean and that Korea shall be entitled to seize Japanese property in Korea more freely than is at present provided by Article 14.	Korean Government. (Note of 20th July from Korean Minister.	This request is based upon the false assumption that Korea is an Allied Power. The settlement of property claims between Japan and Korea has been left

/for

20217

Article 15.

28. After "damage" in the last sentence of paragraph (a) insert "as a result of the war".

Washington telegram 2217A.

We have accepted this amendment (see Foreign Office telegram 3292 to Washington).

29. Delete second sentence of note.

Washington telegram 2217A.

We have accepted this amendment (see Foreign Office telegram 3292 to Washington).

30. Amend paragraph (a) to provide that property not claimed within the prescribed period shall be returned to the country of the owner.

French Government. Letter of 25th July from French Embassy FJ 1022/840.

We assume that application can be made by the legal personal representative of a deceased person and by the heir or assignee where beneficial ownership has been transferred. If so, we think this amendment is unnecessary. But we will support the French suggestion which we consider desirable.

31. Add to Article 15 'Japan undertakes to treat literary and artistic property rights, industrial property and trade marks of the Allied Powers on as favourable a basis as that reserved for those of Japan. To this end Japan declares that from the coming into force of the Peace Treaty it will conclude bilateral agreements with each of the Allied Powers or on any matters concerning the protection of literary and artistic property will adhere to the Berne Convention revised at Brussels on June 26th, 1948."

French Government. Letter of 25th July from French Embassy FJ 1022 840.

This provision is unnecessary because Japan will be a party to the Berne Copyright Convention and the Industrial Property Convention. In addition the U.K. has not ratified the Brussels Convention. It is also objectionable to bring in a reciprocity provision because paragraph (b) of this Article is not reciprocal.

32. In paragraph (b) add to the list of Cabinet Orders Law No.90 of March 31st, 1950 concerning partial amendments made to Law No.14 of 1934 for the prevention of unfair competition.

French Government. Letter of 25th July from French Embassy FJ 1022/840.

Law No.90 of 1950 deals with unfair competition by means of marking. Although it is connected with the subject matter of Article 15(b) (viz. industrial property), we do not think it fits in with the intention of Article 15(b). Like the French proposal at 34 below it is inconsistent with the rest of the Treaty.

for settlement between the two Governments under Article 4. Korea will have the whip hand because Japanese property in Korea will be within their jurisdiction.

20218

/33.

Proposed Amendment	Origin	Comment
33. In the Note amend "30th September, 1951" to read "September 30th, 1952."	French Government. Letter of 25th July from French Embassy FJ 1022/840.	The Americans will almost certainly not accept this extention. There is no advantage in supporting it, unless there is con- siderable delay in receiving the SCAP defective which has granted an extention of time until 30th Septem- ber, 1951.
34. Add at the end of para- graph (c)(ii) the following "Provided that reciprocal treatment is accorded to it in this matter Japan undertakes to conform with the laws and administrative and judicial decisions in force in each of the Allied countries and periodically notified to Japan by the competent authorities of that country determining or regulating the right to a mark of origin or its use for the goods or products of the country or origin. Japan undertakes to forbid and supress by all appropriate methods the import, export, manufacture, presentation, offer for sale or sale of products bearing marks of origin contrary to the said laws and decisions. Japan will inform the diplomatic representatives of the Allied Powers of actions started in the courts for the preservation of the rights protected by this Article when such actions have been started."	French Government. Letter of 25th July from French Embassy FJ 1022/ 840.	This is met partly by the inclusion in the second paragraph of the First Declaration of the Agreement for the Prevention of False Indications of Origin of Goods signed at London on 2nd June, 1934 and by the revival of Japan's obligations under the Industrial Property Convention. But the amendment also goes beyond our original proposals. We do not wish to support the French on this extended proposal. Although the Japanese have a bad record on this subject, we think it would be inconsistent with the rest of the treaty to press for these additional obligations.
35. Add at the end of para- graph (c) "Japan renounces the right to contest the validity of contracts in matters of literary and artistic property and of industrial property concluded or executed during the period from September 2nd, 1945 to the coming into force of the present Treaty.	French Government. Letter of 25th July from French Embassy, FJ 1022/ 840.	Whilst we do not object to this clause so far as it goes, we do not see how it can logically be confined to industrial literary and artistic property. But we would not like to see it extended because we have not had time to consider its implications. We will accept the amendment but do not wish to urge it on the Americans.

/Article 16.

36. After words "the resultant fund" add "to appropriate national agencies.	American suggestion in Washington telegram No. 2217A	We do not object to the addition but doubt whether it achieves the American object of preventing the International Red Cross setting up national distribution organisations conflicting with or duplicating national Red Cross Associations
37. For words "which shall liquidate such assets and distribute" substitute "for purpose of liquidation of such assets and the distribution of".	New Zealand	No objection.
38. Amend to provide that I.R.C. shall take into account distribution of Japanese assets in the hands of Allied Powers to their ex-prisoners of war when distributing assets obtained by it from neutral and ex-enemy countries.	Australia	We informed Washington that amendment of the Article appeared undesirable because such a limitation was unlikely to be accepted by the I.R.C. We asked for the American opinion on the possibility of discussing the substance of the proposed amendment as a part of the administrative arrangements to carry out Article 16.

Article 17.

39. Delete paragraph (a) *Retain*	Washington Telegram 2217A	Even if the information provided by the Japanese Government is accurate we think it preferable to retain paragraph (a) because prize law covers cargoes as well as ships (see Foreign Office telegram 3292 to Washington and also Tokyo Telegram No. 938 of 25th July).

20220

40. Paragraph (b) to be amended to make it clear that debts of juridical persons such as the Loan of the City of Tokyo is covered by this paragraph	French Government, Letter of 25th July from French Embassy FJ 1022/840	We think no amendment is necessary. If the City of Tokyo Loan is not covered by (b) it is covered by (a)
41. The obligations of paragraph b to be made more specific.	French Government. Letter of 25th July from French Embassy FJ 1022/840.	The French Government have not proposed any form of words and as the present draft is the result of considerable discussion with the Americans it is not desirable to pursue the French suggestion now.

Article 19.

42. At the end of paragraph (b) add "but does not include claims recognised in the laws of any Allied Power enacted since 2nd September, 1945".	Washington Telegram 2217A	We do not like this amendment since it would exclude from the waiver any claims that the Japanese may make under any United Kingdom domestic legislation. We think the amendment is unnecessary because those concerned in the United States have already had three years to present claims under United States law. (See Foreign Office telegram 3292 to Washington).
43. At end of paragraph (c) add "such waivers shall not prejudice actions taken in accordance with Articles 16 and 20 of the present Treaty	Washington Telegram 2217A.	We accept this amendment provided that for "waivers" is substituted "renunciation". (See Foreign Office telegram No. 3292 of 26th July to Washington).

Article 22.

44. Korea to be made a party to the International Court of Justice.	Korean Government (Note of 20th July from Korean Minister.	It will not be possible to provide in the Treaty for Korea to become a party to the Statute of the International Court.

20221

Article 25.

45.   For the first sentence substitute: "For the purposes of the present Treaty the Allied Powers shall be the States at war with Japan or any State which previously formed a part of the territory of a State named in Article 23 which has signed and ratified it."

United States Government (See Washington telegram No. 2245 of the 19th July).

We have accepted this amendment subject to the deletion of "which has signed and ratified it" and the substitution of "provided that in each case the State concerned has signed and ratified the Treaty". (See Foreign Office telegram to Washington No. 3220 of 23rd July).

Article 26.

46.   For the first sentence substitute: "Japan will be prepared to conclude with any State which signed or adhered to the United Nations Declaration of January 1st, 1942, and which is at war with Japan or with any State which previously formed a part of the territory of a State named in Article 23 which is not a signatory of the present Treaty....."

United States Government (See Washington telegram No. 2245 of the 19th July.

We have accepted this amendment. See Foreign Office telegram No. 3220 of the 23rd July.

47.   Add at the end of the article "provided however that in the absence of a bilateral treaty concluded during this period Japan may not consider itself free from the obligations of Chapter II of the present Treaty in relation to States not signatory thereto".

French Government (Note addressed by the French Ambassador at Washington to the State Department FJ 1022/839).

This amendment does not add anything of substance since Article 2 provides for the renunciation of Japanese title to various territories. But if it is legally harmless there is some advantage in supporting the French. It might please the Indians.

First Declaration

48.   For "within six months of" substitute "within the shortest practicable time not to exceed one year from".

Washington telegram No. 2217A.

We accept this amendment. (See Foreign Office telegram No. 3356 of 30th July to Washington).

20222

49. For "Agreement for the Prevention of False Indications of Origin of Goods signed at London on 2nd June, 1934" substitute "the Agreement of Madrid concerning the Suppression of False Indications of Origin of Goods of April 14th, 1891 as revised at London on June 2nd, 1934".	French Government Letter of 25th July from French Embassy FJ 1022/840.	Substitute:- "Agreement of Madrid of April 14th, 1891, for the Prevention of False Indications of Origin on Goods, as revised at Washington on June 2, 1911, at The Hague on November 6, 1925, and at London on June 2nd, 1934" which is the correct title.

Second Declaration

50. At end of Declaration add "Japan trusts that the graves and cemeteries of the Japanese war dead in the territories of the Allied Powers will be maintained".	Washington telegram 2217A.	We think this amendment is too sweeping. We are prepared to accept a revised version as follows:- "Japan trust that the Allied Powers will enter into discussions with the Japanese Government with a view to arrangements being made for the maintenance of any Japanese war graves or cemeteries which may exist in the territories of the Allied Powers and which it is desired to preserve". (See Foreign Office telegram to Washington No. 3746 Saving of 28th July).

Protocol on Contracts

51. Add section DD to follow after section D as follows:- "Life Insurance Contracts Where an insurance has been transferred during the war from the original to another insurer or has been wholly re-insured, the transfer of re-insurance shall, whether effected voluntarily or by administrative or legislative action be recognised and the liability of the original insurer shall be deemed to have ceased as from the date of the transfer re-insurance.	Canadian note of the 24th July.	We recommended acceptance of this addition to Washington and advised Tokyo to obtain agreement of the Japanese Government.

20223

DEPARTMENT OF STATE
——————
Memorandum of Conversation

SECRET

DATE: July 9, 1951

SUBJECT: Japanese Peace Treaty

PARTICIPANTS: Dr. Yu Chan Yang, Korean Ambassador
Ambassador John Foster Dulles
Mr. Robert A. Fearey, FE
Mr. Arthur B. Emmons, 3rd., Officer in Charge,
Korean Affairs

COPIES TO: FE   Ambassador Dulles
NA   Ambassador Sebald
S/S   Ambassador Muccio
RE
FE - Mr. Fearey

U. S. GOVERNMENT PRINTING OFFICE   16—61120-1

The Korean Ambassador called on Ambassador Dulles at 11:30 this morning by prior appointment. Ambassador Dulles opened the conversation by handing Ambassador Yang the text of the latest draft of the Japanese peace treaty. He explained to the Ambassador that this draft should be considered Secret until its publication. He also stated that the Department would instruct Ambassador Muccio to make a copy of the draft available right away to the ROK Government.

Ambassador Dulles pointed out to the Korean Ambassador that the ROK Government would not be a signatory to the treaty, since only those nations in a state of war with Japan and which were signatories of the United Nations Declaration of January 1942 would sign the treaty. He pointed out, however, that Korea would benefit from all of the general provisions of the treaty equally with other nations.

Ambassador Yang expressed his surprise that the ROK would not be included as a signatory, and protested that the Korean Provisional Government had, in fact, been in a state of war with Japan even for many years prior to World War II. He stressed that there had been a Korean division in China which had fought against the Japanese and that a declaration of war against Japan had been made by the Korean Provisional Government. The Korean Ambassador, therefore, considered on this basis that Korea should be a signatory. Mr. Fearey pointed out that the United States Government had never given recognition to the Korean Provisional Government.

SECRET

X 044740

The Korean Ambassador then asked whether the Island of Tsushima was to be given to Korea under the terms of the treaty, stating that Tsushima properly belonged to Korea. Ambassador Dulles took exception to this statement and pointed out that Japan had been in full control of Tsushima for a very long period of time; the treaty therefore did not affect the present status of Tsushima as a minor Japanese island.

Ambassador Yang then asked whether the treaty included provisions which would restrict Japanese fishing in waters in the vicinity of the Korean peninsula, pointing out that this matter had already been a source of friction between Korea and Japan, which boded no good for future Korean—Japanese relations. He stated that some 34 fishing vessels had recently been intercepted and arrested by the ROK Navy while fishing in waters beyond the so-called MacArthur Line. Dr. Yang stressed the vital importance to the Korean economy of controlling such unrestricted Japanese fishing activities in waters close to Korea.

Ambassador Dulles replied that the treaty did not include provisions which would govern fishing in specific high seas areas and that to have included such provisions would have meant a very serious delay in the conclusion of the treaty, since there were many national fishing interests concerned. He explained that the treaty, as such, could not be permitted to become an international fishing convention for the Pacific but that it did contain provisions for the negotiation of bilateral or multilateral fishing agreements with Japan. Ambassador Dulles emphasized that the Department had been under considerable pressure from various quarters, including United States and Canadian fishing interests, to write specific restrictions on Japanese fishing into the treaty, but that in the interest of getting the treaty through as quickly as possible this pressure had been resisted in every instance.

In further connection with the fishing question, Ambassador Yang raised the point that, if Japan were to be allowed to re-arm, there would not be any future guarantee that control over fishing or other international problems, including the general security of the area, could effectively be exercised over Japan. Ambassador Dulles then discussed the undesirability of a restrictive treaty, pointing out that restrictions in the past, as for instance at Versailles, had inevitably resulted in their becoming a challenge to the country upon which they were imposed and a psychological target for national opposition. He believed that more subtle methods of control would be more effective, pointing out that the United States would have troops in Japan and that the United States and other Pacific nations could control the flow of raw materials

into

into Japan and the level of its war-making potential. He added
that the United States and the other Pacific nations were fully
alive to the danger inherent in a resurgence of Japanese military
strength and were determined to control this danger through all
of the extensive means at their disposal; in so doing the security
interests of Korea would naturally be a factor. Ambassador Dulles
also referred to the threat presented by Russian attempts to win
Japan away from the West and stated that from this point of view
a moderate and workable treaty with Japan was most desirable.

Mr. Emmons suggested that the Korean Ambassador might be
interested in the provisions of the treaty which dealt with bi-
lateral negotiations between Japan and other interested Powers on
such collateral questions as high seas fishing. Ambassador Dulles
read the Korean Ambassador pertinent sections of the treaty deal-
ing with this question.

In closing the conversation Ambassador Yang expressed his
desire to have an opportunity for further discussions with
Ambassador Dulles, presumably after receipt of instructions from
his Government.

FE:NA:ABEmmons:aw

C O P Y

July 19, 1951

Your Excellency,

    I have the honor to present to Your Excellency, at the instruction of my Government, the following requests for the consideration of the Department of State with regard to the recent revised draft of the Japanese Peace Treaty.

    1. My Government requests that the word "renounces" in Paragraph a, Article Number 2, should be replaced by "confirms that it renounced on August 9, 1945, all right, title and claim to Korea and the islands which were part of Korea prior to its annexation by Japan, including the islands Quelpart, Port Hamilton, Dagelet, Dokdo and Parangdo."

    2. As to Paragraph a, Article Number 4, in the proposed Japanese Peace Treaty, my Government wishes to point out that the provision in Paragraph A, Article 4, does not affect the legal transfer of vested properties in Korea to the Republic of Korea through decision by the Supreme Commander of the Allied Forces in the Pacific following the defeat of Japan confirmed three years later in the Economic and Financial Agreement between the Republic of Korea and the United States Military Government in Korea, of September 11, 1948.

    3. With reference to Article 9, my Government wishes to insert the following at the end of Article 9 of the proposed Peace Treaty, "Pending the conclusion of such agreements existing realities such as the MacArthur Line will remain in effect."

    Please accept, Excellency, the renewed assurances of my highest consideration.

You Chan Yang

His Excellency
    Dean G. Acheson
        Secretary of State
            Washington D C

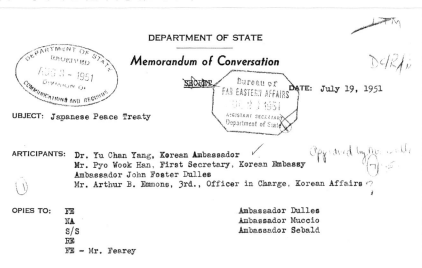

DEPARTMENT OF STATE

Memorandum of Conversation

SECRET   Bureau of FAR EASTERN AFFAIRS   DATE: July 19, 1951

SUBJECT: Japanese Peace Treaty

PARTICIPANTS: Dr. Yu Chan Yang, Korean Ambassador
Mr. Pyo Wook Han, First Secretary, Korean Embassy
Ambassador John Foster Dulles
Mr. Arthur B. Emmons, 3rd., Officer in Charge, Korean Affairs

COPIES TO: FE   Ambassador Dulles
            NA   Ambassador Muccio
            S/S   Ambassador Sebald
            RE
            FE - Mr. Fearey

U. S. GOVERNMENT PRINTING OFFICE   16—61120-1

The Korean Ambassador called upon Mr. Dulles at 2 o'clock this afternoon by prior appointment. In opening the conversation Dr. Yang presented Mr. Dulles with a note addressed to the Secretary (copy attached) raising certain points which the Korean Government wished to have considered for incorporation in the Japanese peace treaty.

After reading the Ambassador's communication, Mr. Dulles discussed the three points contained therein. With regard to the first point, Mr. Dulles was in doubt that the formula confirming Japan's renunciation of certain territorial claims to Korea could be included in the treaty in the form suggested by the ROK. He explained that the terms of the Japanese surrender instrument of August 9, 1945 did not, of themselves, technically constitute a formal and final determination of this question. He added, however, that the Department would consider including in the treaty a clause giving retroactive effect to the Japanese renunciation of territorial claims to August 9, 1945. The Korean Ambassador replied that if this were done he believed that the point raised by his Government would be met satisfactorily.

Mr. Dulles noted that paragraph 1 of the Korean Ambassador's communication made no reference to the Island of Tsushima and the Korean Ambassador agreed that this had been omitted. Mr. Dulles then inquired as to the location of the two islands, Dokdo and Parangdo. Mr. Han stated that these were two small islands lying in the Sea of Japan, he believed in the general vicinity of Ullungdo. Mr. Dulles asked whether these islands had been Korean before the Japanese annexation, to which the Ambassador replied in the affirmative. If that were the case Mr. Dulles saw no particular problem in including these islands in the pertinent part of the treaty which related to the renunciation of Japanese territorial claims to Korean territory.

In regard

X 044733   SECRET

-2-

In regard to paragraph 2 of the Ambassador's communication, Mr. Dulles assured the Ambassador that it was the intention of the United States to extend protection to the Republic of Korea with respect to any Japanese claims concerning vested properties in Korea. He said that the Department would study this question but that at the moment he could not foresee that this would involve any particular difficulty.

With reference to paragraph 3 of the communication, Mr. Dulles stated that he could say right off that it would be impossible to meet the Korean request for inclusion in the treaty of a delimitation of high-seas fishing areas pointing out that the United States had been under great pressure from many countries and also from American fishing interests to make the treaty, in effect, a fishing convention for the Pacific. He went on to explain that to do so would open up a whole area of conflicting interests and claims which would greatly complicate the writing of the treaty. He pointed out, however, that this did not preclude negotiation of a series of bilateral or multilateral agreements on fisheries with Japan following the conclusion of the treaty.

Mr. Dulles remarked that very frankly the Department was surprised and greatly disturbed at the strong language which the Korean Ambassador had used in a press statement on July 18 in which warnings were uttered against accepting the Japanese into association with the peace-loving nations of the world in full faith and confidence. Mr. Dulles pointed out the difficulty and delicacy of the position of the United States in its efforts to obtain a reasonable and satisfactory treaty with Japan, a matter of great significance to all Pacific nations, and stressed the importance, in this matter, of Korean understanding and cooperation; while the United States understood and sympathized with the Koreans in their difficult relationship with Japan and while the Ambassador undoubtedly was acting under instructions from his Government, Mr. Dulles pointed out that such statements did not help matters.

The Korean Ambassador stated that there were some 800 thousand Koreans in Japan who were being very much discriminated against by the Japanese Government. The reason for this, he believed, was that Japan still rankled over the loss of Korea and was determined to take it out on such Koreans as might still be under Japanese control. Mr. Dulles suggested that many of these Koreans were undesirables, being in many cases from North Korea and constituting a center for Communist agitation in Japan. He believed, therefore, that probably a legitimate Japanese fear of certain of these Koreans was involved in any action taken against them by the Japanese authorities.

Mr. Dulles asked the Ambassador what, in his opinion, was the reason why the United States is advocating a liberal and non-restrictive treaty with Japan, knowing that we had only recently fought Japan at great cost and that we were most concerned with the future structure of peace in the Pacific.

Dr. Yang

-3-

Dr. Yang replied that he assumed that our motivation in writing such a treaty was because of the inherent friendship of the American people for the rest of the world. The Ambassador wished to stress, however, the Koreans had suffered tremendously over a period of many years at the hands of the Japanese, that while the Koreans wished to live in peace with Japan and demanded no reparations, they felt that once a treaty was signed, Korea would be at the mercy of a resurgence of Japanese economic strength which would make the future security of Korea a most serious problem; unless the United States were willing to exercise its powerful influence to control Japan, Korea would inevitably lapse into a poor bargaining position in its future relations with Japanese because of the preponderence of power which would rest with the latter.

Mr. Dulles explained that, far from being afraid of the future economic and military strength of Japan, American experts were now worried about the problem of even establishing viability in Japanese economic life, that the grave danger, both to Korea and to the other nations of the Pacific, was that Japan, because of weakness, might ultimately fall under Communist domination and that it was with this in mind that the United States believed it essential to leave Japan free to rebuild its peace time economy. He pointed out that since the Japanese would be dependent to a very great degree on imports of raw material from abroad, this fact in itself would constitute an effective form of control over Japan's resurgence.

The Ambassador then referred to the great moral and psychological disadvantage to the Korean people in not being considered a member of the Allied Powers which had fought Japan and which would sign the treaty. He emphasized that under the so-called Korean Provisional Government the Koreans had been fighting the Japanese for many years even prior to World War II and that they felt they had won for themselves the right to a place at the peace table. Mr. Dulles replied that some qualifying test obviously had to be established for those who would sign the treaty in order to provide a reasonable formula under which the treaty could be written, and that many Allied Nations besides the United States had also believed that only those countries which had signed the 1942 Declaration of the United Nations should be signatories to the Treaty. To include Korea, whose government had been established only in 1948, would be to open up a considerable area of possible disagreement which would complicate getting the treaty through and would bring into the picture several other nations which considered their claims to be signatories to be as valid as those of the ROK. He wished to assure the Ambassador that this limitation did not in any sense reflect a lack of United States interest or complete sympathy with Korea or any intent derogatory to the ROK, but emphasized rather that we regarded Korea with great solicitude and sympathy.

The Korean Ambassador again expressed the fear that the net result of a lenient treaty with Japan, in which Korea did not participate, would be to expose her to great difficulties in the future; despite American assurances of our interest in the maintenance of good Korean-Japanese relations, the United States at some point might well relax this interest and Korea would then be exposed to undue pressure from Japan unless a stricter treaty were put into effect to which Korea would be a signatory. To illustrate his point, he referred to the fact that

Japanese

-4-

Japanese fishing vessels were crossing the so-called MacArthur Line into Korean waters even while SCAP was still in authority in Japan, and that the Koreans wondered what would happen when SCAP's control over the Japanese had been removed. Dr. Yang suggested that the Koreans might feel differently if the United States would assume responsibility for the future defense of Korea, and he wondered whether such a treaty of defense could not be worked out.

In concluding the conversation the Korean Ambassador jocularly suggested that if Korea were accorded the full status of a signatory to the treaty, he thought that the ROK could perhaps drop its insistence upon having the points raised in paragraphs 2 and 3 of his communication included therein. Mr. Dulles replied that he could not undertake to agree that any such arrangement could be made but that he would give sympathetic consideration to all of the points raised by the Korean Ambassador.

NA:AEEmmons:aw

KOREAN EMBASSY
WASHINGTON, D. C.

OFFICE OF
NORTHEAST ASIAN AFFAIRS
AUG 3 - 1951
DEPARTMENT OF STATE

August 2, 1951

Your Excellency,

I have the honor to refer Your Excellency to my communication to you for July 19, 1951 with reference to requests by the Korean Government for the consideration of the Department of State of certain suggestions in connection with the revised draft of the Japanese Peace Treaty.

Further instructions from my Government enable me to convey to Your Excellency the following suggestions with respect to the revised Treaty, looking towards their incorporation in the document:

1. Article 4: Japan renounces property of Japan and its nationals in Korea and the claims of Japan and its nationals against Korea and its nationals on or before August nine, Nineteen hundred Forty-One.

Article 9: The MacArthur Line shall remain until such agreements be concluded.

Article 21: And Korea to the benefits of Articles 2, 9, 12, and 15-a of the present Treaty.

Please accept, Excellency, the renewed assurances of my highest consideration.

You Chan Yang

You Chan Yang

His Excellency

Dean G. Acheson

Secretary of State

Washington D C

AUG 10 1951

Excellency:

I have the honor to acknowledge the receipt of your notes of
July 19 and August 2, 1951 presenting certain requests for the consi-
deration of the Government of the United States with regard to the
draft treaty of peace with Japan.

With respect to the request of the Korean Government that Article
2(a) of the draft be revised to provide that Japan "confirms that it
renounced on August 9, 1945, all right, title and claim to Korea and
the islands which were part of Korea prior to its annexation by Japan,
including the islands Quelpart, Port Hamilton, Dagelet, Dokdo and
Parangdo," the United States Government regrets that it is unable to
concur in this proposed amendment. The United States Government does
not feel that the Treaty should adopt the theory that Japan's accept-
ance of the Potsdam Declaration on August 9, 1945 constituted a formal

or

His Excellency
    Dr. You Chan Yang,
        Ambassador of Korea.

or final renunciation of sovereignty by Japan over the areas dealt with in the Declaration. As regards the island of Dokdo, otherwise known as Takeshima or Liancourt Rocks, this normally uninhabited rock formation was according to our information never treated as part of Korea and, since about 1905, has been under the jurisdiction of the Oki Islands Branch Office of Shimane Prefecture of Japan. The island does not appear ever before to have been claimed by Korea. It is understood that the Korean Government's request that "Parangdo" be included among the islands named in the treaty as having been renounced by Japan has been withdrawn.

The United States Government agrees that the terms of paragraph (a) of Article 4 of the draft treaty are subject to misunderstanding and accordingly proposes, in order to meet the view of the Korean Government, to insert at the beginning of paragraph (a) the phrase, "Subject to the provisions of paragraph (b) of this Article", and then to add a new paragraph (b) reading as follows:

    (b) "Japan recognizes the validity of dispositions of property

        of Japan and Japanese nationals made by or pursuant to

        directives of United States Military Government in any of

                        the

the areas referred to in Articles 2 and 3".

The present paragraph (b) of Article 4 becomes paragraph (c).

The Government of the United States regrets that it is unable to accept the Korean Government's amendment to Article 9 of the draft treaty. In view of the many national interests involved, any attempt to include in the treaty provisions governing fishing in high seas areas would indefinitely delay the treaty's conclusion. It is desired to point out, however, that the so-called MacArthur line will stand until the treaty comes into force, and that Korea, which obtains the benefits of Article 9, will have the opportunity of negotiating a fishing agreement with Japan prior to that date.

With respect to the Korean Government's desire to obtain the benefits of Article 15(a) of the treaty, there would seem to be no necessity to oblige Japan to return the property of persons in Japan of Korean origin since such property was not sequestered or otherwise interfered with by the Japanese Government during the war. In view of the fact that such persons had the status of

Japanese

Japanese nationals it would not seem appropriate that they

obtain compensation for damage to their property as a result of

the war.

Accept, Excellency, the renewed assurances of my highest con-

sideration.

For the Secretary of State:

Dean Rusk

FE:NA:RFEAREY:SB
......st 9. 1951.

STANDARD FORM NO. 64

Office Memorandum · UNITED STATES GOVERNMENT

TO   : NA - Mr. Fearey   DATE: July 13, 1951

FROM   : OIR/GE - Mr. Boggs

SUBJECT: Spratly Island and the Paracels, in Draft Japanese Peace Treaty

694.001/7-1351

The following information and suggestions are furnished in response to your telephone request this morning.

1. Spratly Island and the Paracel Islands

I would suggest adding to the present draft, Article 2, paragraph (f), quoted below, the words which are underscored:

(f) Japan renounces all right, title and claim to Spratly Island and the Paracel Islands, and all other islands in the South China Sea.

As you will recall, there has been confusion regarding the islands to which the name "Paracel Islands" applies. The ones in question comprise two small groups, and outliers, roughly 120 to 200 nautical miles southeast of Hainan Island (Kwangtung province, China). The two groups are the Amphitrite Group and the Crescent Group. The Paracels have sometimes been confused with the Shonan Islands, to which Spratly (Storm) Island belongs, near the large area known as "Dangerous Ground"—west of Palawan, in the Philippines—and also with "Rasa" or Okino Daito, in the Daito Islands, east of the southern Ryukyus (see Article 3 of the present draft treaty). All of these except "Rasa" are in the South China Sea.

The Paracel Islands in question are reported to have been claimed by China in 1909, by France in 1932, and by Japan in 1933. For convenient reference there is attached a copy of an article by Dr. J. Kunst, which appeared in the Japan Times, Tokyo, August 27, 1933 (here copied from an earlier typewritten copy, with an unexplained attribution of the last two paragraphs to the Manchurian Daily News at the very end).

2. Liancourt Rocks

The Liancourt Rocks (Takeshima) were among the islands to which, in a 1949 draft treaty, Japan would have renounced claim to Korea. In a Japanese Foreign Office publication, entitled "Minor Islands Adjacent to Japan Proper", Part IV, June 1947, Liancourt Rocks are included. It may therefore be advisable to name them specifically in the draft treaty, in some such form as the following (Article 2):

(a) Japan, recognizing the independence of Korea, renounces all right, title and claim to Korea, including the islands of Quelpart, Port Hamilton and, Dagelet, and Liancourt Rocks.

694.001/7-1351

These rocky islets are described as follows in the U. S.
Hydrographic Office publication no. 123A, Sailing Directions
for Japan, Volume I (1st ed., 1945):

Take Shima (Liancourt Rocks) (37°15' N., 131°52' E., H. O.
Chart 3320) consists of two barren, guano-whitened, and un-
inhabited rocky islets and several rocks, which appear to be
steep-to. They lie near the steamer track leading from
Tsushima Strait to Vladivostok and to Hokkaido, in a position
85 miles northwestward of the Oki Retto, and as they have
no navigational aids they present a hazard to mariners navi-
gating in their vicinity at night or in thick weather. Both
islets are cliffy, and the western and highest has a pointed
summit, which rises 515 feet. They are usually visited by
seal hunters in July and August. (p. 597)

Attachment:

Excerpt

OIR/GE:SWBoggs:mg
7-13-51

STANDARD FORM NO. 64

Office Memorandum · UNITED STATES GOVERNMENT

TO : NA – Mr. Fearey

DATE: July 16, 1951

FROM : OIR/GE – Mr. Boggs

SUBJECT: Spratly Island and the Paracels, in Draft Japanese Peace Treaty

The following information and suggestions are furnished in response to your telephone request this morning.

1. <u>Spratly Island and the Paracel Islands</u>

I would suggest adding to the present draft, Article 2, paragraph (f), quoted below, the words which are underscored:

(f) Japan renounces all right, title and claim to Spratly Island and the Paracel Islands, <u>and all other islands in the South China Sea</u>.

As you will recall, there has been confusion regarding the islands to which the name "Paracel Islands" applies. The ones in question comprise two small groups, and outliers, roughly 120 to 200 nautical miles southeast of Hainan Island (Kwangtung province, China). The two groups are the Amphitrite Group and the Crescent Group. The Paracels have sometimes been confused with the Shonan Islands, to which Spratly (Storm) Island belongs, near the large area known as "Dangerous Ground"—west of Palawan, in the Philippines—and also with "Rasa" or Okino Daito, in the Daito Islands, east of the southern Ryukyus (see Article 3 of the present draft treaty). All of these except "Rasa" are in the South China Sea.

The Paracel Islands in question are reported to have been claimed by China in 1909, by France in 1932, and by Japan in 1933. For convenient reference there is attached a copy of an article by Dr. J. Kunst, which appeared in the Japan Times, Tokyo, August 27, 1933 (here copied from an earlier typewritten copy, with an unexplained attribution of the last two paragraphs to the <u>Manchurian Daily News</u> at the very end).

2. <u>Liancourt Rocks</u>

By one 1949 draft treaty with Japan, the Liancourt Rocks (Takeshima) were to have been renounced to Korea; by another draft at about the same time they were to be named as being retained by Japan. A Japanese Foreign Office publication, entitled "Minor Islands Adjacent to Japan Proper," Part IV, June 1947, includes "Liancourt Rocks

(Take-shima)"

-2-

(Take-shima)" and says:

It should be noted that while there is a Korean name for Dagelet, none exists for the Liancourts Rocks and they are not shown in the maps made in Korea.

If it is decided to give them to Korea, it would be necessary only to add "and Liancourt Rocks" at the end of Art. 2, par. (a).

These rocky islets are described as follows in the U.S. Hydrographic Office publication no. 123A, Sailing Directions for Japan, Volume I (1st ed., 1945):

Take Shima (Liancourt Rocks) (37°15' N., 131°52' E., H.O. Chart 3320) consists of two barren, guano-whitened, and un-inhabited rocky islets and several rocks, which appear to be steep-to. They lie near the steamer track leading from Tsushima Strait to Vladivostok and to Hokkaido, in a position 85 miles northwestward of the Oki Retto, and as they have no navigational aids they present a hazard to mariners navi-gating in their vicinity at night or in thick weather. Both islets are cliffy, and the western and highest has a pointed summit, which rises 515 feet. They are usually visited by seal hunters in July and August. (p. 597)

Attachment:

Excerpt

OIR/GE:SWBoggs:mg
7-16-51

STANDARD FORM NO. 64

Office Memorandum · UNITED STATES GOVERNMENT

TO   : NA - Mr. Robert A. Fearey   DATE: July 31, 1951

FROM : OIR/GE - S. W. Boggs

SUBJECT: Parangdo and Dokdo (islands)

In response to your telephone requests for information regarding to Dokdo and Parangdo, two islands which Korea desires to have Japan renounce in favor of Korea in the treaty of peace, we have tried all resources in Washington which we have thought of and have not been able to identify either of them.

I understand that the Korean ambassador has informed the Department that Parangdo is near Ullungdo. The latter is the Korean name corresponding to the name conventionally used in English, Dagelet Island, and to the Japanese name Utsuryo To. That island is found on available maps and charts, by all three names, in approximately 37° 30' N. latitude, 130° 52' E. longitude.

Since it is difficult to find the name equivalents in the various languages, I am listing below the principal islands in which Korea is interested, in three columns giving the names in European, Japanese and Korean forms.

H.O. Pub. No.122B(1947) page	European name	Japanese name	Korean name
606	Quelpart	Saishu To	Cheju Do
584	"Port Hamilton"	Tonai Kai	Tonae Hae
534	Dagelet	Utsuryo To Matsu-shima(?)	Ullung Do
535	Liancourt Rocks	Take-shima	(none)
	?	?	Dokdo
	?	?	Parangdo

OIR/GE:SWBoggs:mg

일 자		내 용
1945	8. 15	일본 무조건 항복, 제2차 세계대전 종식
	11.	일본 외무성 내 평화조약문제연구간사회(平和條約問題硏究幹事會) 조직
1947	4.	
	3. 17	맥아더, 일본과 조기강화 천명
	5. ~ 8.	일본 외무성과 정부 내 관련 부처들로 평화조약각성연락간사회(平和條約各省連絡幹事會) 조직
	6. 16 ~ 28	남조선과도정부·조선산악회 울릉도·독도 학술조사대 파견
	7. 26	일본 외상, 연합군최고사령부 외교국장 앳치슨(Atcheson)에게 9개 항목의 일본정부 요망안 제출
	7. 28	일본 외상, 연합군최고사령부 민정국장 코트니 휘트니(Courtney Whitney) 소장에게 9개 항목의 일본정부 요망안 제출
	7.	미국, 극동위원회 회원국들에게 대일평화조약의 조기 체결을 제안
	8. 27	남조선과도입법의원 의장 김규식, 미국무부에 한국의 대일강화조약 참가를 요청
	8.	남조선과도정부, '대일배상요구조건조사위원회(對日賠償要求條件調査委員會)' 조직
	9. 15	일본 외무성 내 심의실 설치
	10. 14	미국무부 정책기획단(Policy Planning Staff: PPS) 1급 비밀(Top Secret) 문서 「PPS/10. 대일평화 정착에 수반된 문제에 대한 정책기획단의 연구결과」 작성 독도(Liancourt Rocks) 한국령으로 명시
1948	4월 말	한국 재무부 대일배상액 410억 9,250만 7,868엔 결정
	6. 8	미 5공군 폭격대의 독도 폭격사건 발생, 한국 어선 침몰, 사상자 다수 발생

일 자		내 용
1948	8. 5	한국 우국노인회(Patriotic Old Men's Association) 독섬(독도), 울릉도, 대마도, 파랑도의 한국영토 귀속청원서 주일미정치고문 시볼드(William Sebald)에 송부
	10. 9	한국 재무부 '대일배상요구 자료조서' 발표
	11. 27	한국 국회, '대일강제노무자 미제임금 이행요구에 관한 청원'·'대일청장년사망배상금 요구에 관한 청원' 채택
1949	1. 27	일본 외무성 내 정책심의위원회 설치, 최고 방침과 정책에 대한 심의 및 조정
	2.	한국 기획처, '대일배상청구위원회' 조직
	3. 15	한국 기획처, '대일배상요구조서' 제1권 완성, 연합국최고사령부 제출(1949. 4. 7)
	9.	한국 기획처, 대일배상요구조서 제2권 완성 총액 314억 97만 5,303엔, 400만 상하이 달러의 일반배상액 결정
	11. 2	미국무부 대일강화조약 초안 작성. 리앙쿠르암(독도) 한국령으로 명시
	12. 3	존 J. 무초 주한미대사 국무부의 대일평화조약 초안(1949. 11. 2)에 대한 의견서 제출, 한국을 대일평화조약에 자문국으로 참석시킬 것 요청
	12. 12	미국무부 정보조사국 산하 극동조사처(Division of Research for Far East : DRF), 한국의 대일평화조약 참가문제에 관한 보고서 작성
	12. 29	미국무부 대일평화조약 초안 완성 한국을 대일평화회담 참가국 53개국에 포함, 리앙쿠르암(독도) 일본령으로 표기
1950	3. 30	미국무부 정보조사국(Office of Intelligence Research : OIR) 한국의 대마도 귀속 주장에 관한 보고서 작성
	4. 19	존 포스터 덜레스(John Foster Dulles) 국무장관 고문 임명
	5. 18	덜레스 대일평화조약 담당 대통령특사 임명
	6. 17	덜레스 사전 조사차 일본 동경 방문
	9.	일본 「대일평화조약상정대강」(對日平和條約想定大綱)의 최종고(最終稿) 완성
1951	1.~2.	덜레스 특사단 제1차 일본 동경 방문

일 자		내 용
1951	3.	「대일평화조약 임시초안(제안용)」[Provisional Draft of a Japanese Peace Treaty(Suggestive Only)] 완성, 재외공관 회람, 최초의 협상용 초안, 한국정부에 송부 [자료 1] 「대일평화조약 임시초안(제안용)」(1951. 3)
	3. 27	한국정부, 「대일평화조약 임시초안(제안용)」[Provisional Draft of a Japanese Peace Treaty(Suggestive Only)] 수령. 한국에서 제1차 초안으로 통칭됨
	3.	제1차 영미합동회의
	4. 7	영국정부 대일평화조약 초안 완성, 미국 수교
	4. 10	한국정부, 이승만 대통령, 국무총리, 관계 장관들이 미국 제1차 초안 검토 시작 [자료 4] 한국의 「대일평화조약 임시초안(제안용)」 수령과 초기 대응
	4. 11	맥아더, 연합군최고사령관직에서 해임
	4. 16	한국 외무부에 '외교위원회' 구성해 한국정부 의견서 준비
	4. 16~ 23	덜레스 특사단 제2차 일본 동경 방문, 미일 협의 진행
	4. 23	덜레스-요시다 시게루(吉田茂) 회담, 한국문제 논의, 요시다 한국을 무고하는 「한국과 평화조약(Korea and the Peace Treaty)」(1951. 4. 23) 비망록 수교 [자료 7] 요시다 시게루 일본수상의 재일한국인 비방 비망록(1951. 4. 23)
	4. 25~ 5. 4	제1차 영미회담 미국 워싱턴에서 개최 미국, 한국을 '잠재적 서명국'이자 '연합국'으로 상정, 영국, 한국은 전시 연합국 지위 아니었다며 반대. 3차례 한국의 참가문제 논의, 영국 2차례 이상 반대
	4. 27	한국정부의 제1차 답신서 완성 [자료 5] 한국정부의 제1차 답신서(1951. 4. 27)
	4.~5.	제2차 영미합동실무단회의
	5. 3	제1차 영미합동초안 완성
	5. 7	한국정부의 제1차 답신서 미국무부에 전달

일 자	내 용
1951　5. 9	미국무부 한국정부 제1차 답신서 검토 「미국 조약초안에 대한 한국 측 비망록에 대한 논평」 (Comments on Korean Note Regarding U.S. Treaty Draft) [자료 6] 미국무부의 한국정부 제1차 답신서 검토 결과(1951. 5. 9) 영국 외무성 스콧(Scott)차관, 특별조항을 설치해 한국 참여 허용 가능
6. 1	미 국무부 「대일평화조약 작업 초안 및 논평」 작성. 한국은 회담초청국·조약서명국이 아니라 조약의 특정권리를 부여받는 국가로 설정
6. 2~14	제2차 영미회담 영국 런던에서 개최 덜레스사절단의 앨리슨(John M. Allison)특사 영국 방문
6. 4	제2차 영미합동초안 완성. 조약참가·서명지위 (한국은 연합국은 아니지만 기본 이익 받는다는 특별조항 설정, 제21조), 배상·청구권(재한일본인 재산·청구권을 한일 양국정부가 논의) [자료 2] 제3차 영미합동조약 초안 「Draft Japanese Peace Treaty」(1951. 7. 3) [자료 9] 제1차 한미협의 경과(1951. 7. 9)
7. 3	제3차 영미합동초안 완성, 일본 및 관련 13개국 송부(1951. 7. 9) 제3차 영미합동초안 완성. 한국에 수교(1951. 7. 9)
7. 9	덜레스, 양유찬 주미한국대사 회담. 제1차 한미협의 제3차 영미합동초안(1951. 7. 3)(한국에서 '대일강화조약제2초안'으로 명명) 수교, 한국의 조약서명국 지위 불인정 통보, 한국의 대마도 반환요구 기각, 맥아더라인 논의
7. 13~ 7. 31	미국무부 정보조사국 지리담당관 독도관련 보고서 작성 리앙쿠르암의 일본명 다케시마 확인, 한국명 독도는 확인하지 못함 [자료 14] 보그스의 제1차 독도 검토 보고서(1951. 7. 13) [자료 15] 보그스의 제2차 독도 검토 보고서(1951. 7. 16) [자료 16] 보그스의 제3차 독도 검토 보고서(1951. 7. 31)
7. 19	덜레스-양유찬 회담. 제2차 한미협의 한국정부 제2차 답신서(1951. 7. 19) 수교 맥아더라인 유지, 독도·파랑도 영유권, 재한일본인 귀속재산의 한국소유 확인 요구 [자료 10] 한국정부의 제2차 답신서(1951. 7. 19) [자료 11] 제2차 한미협의의 경과(1951. 7. 19)

일 자	내 용
1951	7. 한국 외무부 외교위원회 제3차 영미합동초안 검토 귀속재산 처리(4조 a항), 맥아더라인(9조), 영토문제(2조 a항) 논의
	8. 2 한국정부의 제3차 답신서. 한국의 조약 참가문제, 영토문제 언급하지 않음 [자료 12] 한국정부의 제3차 답신서(1951. 8. 2)
	8. 7 미국무부 무초주한미대사에게 독도·파랑도에 대한 정보 요구
	8. 8 무초주한미대사 답신. 독도가 일본명 다케시마이며, 한국은 파랑도 포함 요구 철회
	8. 10 미국무부 극동담당차관보 러스크, 양유찬 주미한국대사에게 서한 발송 귀속재산 처리에 관한 요청 수용, 나머지 요청 기각 [자료 13] 러스크 미국무부 극동담당차관보가 양유찬 주미한국대사에게 보낸 서한 (1951. 8. 10)
	8. 13 『대일평화조약 최종 초안』 완성, 50개국 송부(8. 14) [자료 3] 대일평화조약 최종 초안(1951. 8. 13)
	8. 15 미국무부 대일평화조약 최종 초안 주미한국대사관 전달, 주한미대사관에 항공파우치로 송부
	9. 4 샌프란시스코평화회담, 서명

| 참 고 문 헌 |

연구논저

Kimie Hara, Japanese-Soviet Russian Relations since 1945 : a difficult peace, Routledge, 1998.

Sung-Hwa Cheong, The Politics of Anti-Japanese Sentiment in Korea : Japanese-South Korean Relations Under American Occupation, 1945-1952, New York, Greenwood Press, 1991.

金東祚, 『회상30년 한일회담』, 중앙일보사, 1986.

金民樹, 「對日講和條約と韓國參加問題」, 『國際政治』131호, 日本國際政治學會, 2002.

金溶植, 『새벽의 약속』, 김영사, 1993.

金龍周, 『風雪時代八十年』, 新紀元社, 1984.

金俊淵, 「對日講和條約草案의 修正」, 『나의 길』, 동아출판사, 1966.

박병섭, 「대일강화조약과 독도·제주도·쿠릴·류큐제도」, 독도연구소, 『독도연구』16집, 2014.

卞榮泰, 『나의 祖國』, 自由出版社, 1956.

와다 하루키 지음, 임경택 옮김, 『동북아시아 영토문제, 어떻게 해결할 것인가』, 사계절, 2013.

외교통상부 외교안보연구원, 『외교관의 회고 : 진필식대사회고록』, 1999.

原貴美惠, 『サンフランシスコ平和條約の盲點 – アジア太平洋地域の冷戰と「戰後未解決の諸問題」』, 溪水社, 2005.

유민홍진기전기간행위원회, 『유민홍진기전기』, 중앙일보사, 1993.

이석우, 『일본의 영토 분쟁과 샌프란시스코 평화조약』, 인하대학교출판부, 2003.

정병준, 『독도1947』, 돌베개, 2010.

한국일보사, 『財界回顧 2 : 元老企業人篇』, 한국일보사(「金龍周」), 1981.

한표욱, 『이승만과 한미외교』, 중앙일보사(1984, 『한미외교요람기』의 개정판), 1996.

연구자료

한국

외교부 외교사료관

『독도 문제, 1952~53』 분류번호 743.11JA, 등록번호 4565.

『독도 문제, 1954』 분류번호 743.11JA, 등록번호 4566.

『독도 문제, 1955~59』 분류번호 743.11JA, 등록번호 4567.

『독도 문제, 1960~64』 분류번호 743.11JA, 등록번호 4568.

『독도 문제, 1965~71』 분류번호 743.11JA, 등록번호 4569.

『독도 문제, 1972』 분류번호 743.11JA, 등록번호 5419.

『한일회담 예비회담(1951.10.20~12.4) 자료집: 대일강화조약에 대한 기본 태도와 그 법적 근거』 분류번호 723.1JA 자1950, 등록번호 76.

『한일회담예비회담(1951. 10. 20~12. 4) 본회의 회의록, 제1~10차, 1951』 분류번호 723.1JA, 등록번호 77.

『한국의 어업보호정책: 평화선 선포, 1949~52』 분류번호 743.4, 등록번호 458.

미국

美國立文書記錄管理廳(NARA) 소장 문서

RG 59, 국무부 십진분류문서철(State Department, Decimal File).

740.0011PW(Peace) Series (제2차 세계대전 종전 후 대일평화조약 관련문서철).

694.95B (일본의 남한과의 국제관계 문서철).

694.001 (일본의 국제관계 문서철).

RG 59. 국무부 특수문서철(State Department, Special File).

Japanese Peace Treaty Files of John Foster Dulles, 1946~52 (1946~52년간 존 포스터 딜레스 대일평화조약문서철), Boxes.1~14, Lot 54D423.

Office of Northeast Asia Affairs, Records Relating to the Treaty of Peace with JapanSubject File, 1945~51 (John Moore Allison file) (1945~51년간 대일평화조약 관련 동북아시아국 문서철), Boxes.1~7, Lot 56D527.

Records Relating to the Japanese Peace and Security Treaties, 1946~1952 (1946~52년간 대일평화조약 및 안보협정 관련 문서철), Lot 78D173.

Records of the Division of Research for Far East (국무부 정보조사국 극동조사과 문서철), Lot

58D245.

RG 84, 미국무부 재외공관문서철(Records of the Foreign Service Posts of the Department of State).

Korea, Seoul Embassy: Classified General Records, 1953~1955 (한국, 서울대사관, 1953~1955 년간 비밀일반문서철) Entry 2846.

Japan, Tokyo Embassy: Classified General Records, 1953~1955 (일본, 동경대사관, 1952~1955 년간 비밀일반문서철).

Japan, Foreign Service Posts of the Department of State, Office of the U.S. Political Advisor for JapanTokyo, Classified General Correspondence, 1945~49, 1950~ (일본, 국무부 주일정치고문실 1949~51년간 비밀일반문서철) Entry 2828.

RG 319, 미 육군 정보참모부 문서철, 미 육군 CIC 조사자료소장처(IRR) 인물 파일(Records of the Army Staff, Records of the Office of the Assistant Chief of Staff, G-2, Intelligence, Entry IRR Personal, Records of the Investigative Records Repository, Security Classified Intelligence and Investigative Dossiers, 1939~76), Boxes.457-458.

XA529038: Tsuji Masanobu(辻政信).

RG 554, 연합군총사령부, 극동군사령부, 유엔군사령부 문서철(Records of General HQ, Far East Command, Supreme Commander Allied Powers, and United Nations Command).

United States Army Forces in Korea XXIV Corps, G2 Historical Section, Historical Files, 1945~1948 (1945~1948년간 주한미24군단 정보참모부 군사과 역사문서철), Box 41. Box 77.

USAFIK, Entry A1 1378, United States Army Forces in Korea (USAFIK), Adjutant General, General Correspondence (Decimal Files) 1945~1949 [주한미군사령부 부관부 일반문서 철(십진분류화일)], Box 108, Box 141.

Entry A1 1404, USAFIK, US Army Office of Military Government (주한미군정장관실 문서철), Box 311.

영국

영국 국립문서보관소(The National Archives: TNA) 소장 문서

FO 371/92532, 213424, FJ 1022/95 Japan, 1951. 2. 17, Subject: Japanese Peace Treaty: Summaries of Mr. Dulles interviews with Japanese Officials in preparation of a Peace Treaty.

FO 371/92532, FJ 1022/91 "Parliamentary Question" 19 February 1951.

FO 371/92532, FJ 1022/97, Letter from C. H. Johnston to A. E. Percival, March 1, 1951.

FO 371/92535, FJ 1022/167, "Japanese Peace Treaty: Record of Meeting held at the Foreign Office on the 16th March 1951".

FO 371/92535, FJ 1022/171, "Japanese Peace Treaty: Second revised draft of the Japanese Peace Treaty" March 1951.

FO 371/92535, FJ 1022/174, "Comments on the Japanese angle of the problem of Chinese & Russian non participation & the question of Japanese participation of Japanese Peace Treaty" 22 March 1951.

FO 371/92538, FJ 1022/222, "Provisional Draft of Japanese Peace Treaty (United Kingdom)" April 7, 1951.

FO 371/92547, 213351, FJ 1022/368, Sir O. Franks, Washington to Foreign Office, no.1382, 4th May 1951, Subject: Japanese Peace Treaty: given text of line taken by State Department in answer to any press enquiries.

FO 371/92547 FJ 1022/376, no. 1076/357/5IG, "AngloAmerican meetings on Japanese Peace Treaty, Summary Record of Seventh meeting" 3th May 1951.

FO 371/92547 FJ 1022/377, no. 1076/365/5IG, "AngloAmerican meetings on Japanese Peace Treaty, Summary Record of Seventh meeting held on 3rd May" 3th May 1951.

FO 371/92547 FJ 1022/378, no. 1076/366/5IG, "AngloAmerican meetings on Japanese Peace Treaty, Summary Record of ninth and final meeting held on 4th May" 4th May 1951.

FO 371/92547, 213351, FJ 1022/383, Mr. Clutton to Mr. Morrison, no.148, 119/244/51, 1st May 1951, Subject: Record of Meeting with the Japanese Prime Minister on the 30th April at which the main theme of conversation with the Japanese Peace Treaty.

FO 371/92547, FJ 1022/370, Sir O. Franks, Washington to Foreign Office, "Japanese Peace Treaty: Records of meeting between our representative and Mr. Dulles" no. 393(s), May 3, 1951.

FO 371/92547, FJ 1022/376, British Embassy Washington to C. P. Scott, O.B.E., Japan and Pacific Department, Foreign Office) no. 1076/357/5IG, "AngloAmerican meetings on Japanese Peace Treaty, Summary Record of Seventh meeting" May 3, 1951.

FO 371/92547, FJ 1022/377, British Embassy, Washington to C. P. Scott, O.B.E., Japan and Pacific Department, Foreign Office, no. 1076/365/5IG, "AngloAmerican meetings on Japanese Peace Treaty, Summary Record of Eighth meeting held on 3rd May," 4th May 1951.

FO 371/92547, FJ 1022/378, British Embassy, Washington to Foreign Office, no. 1076/366/5IG, "AngloAmerican meetings on Japanese Peace Treaty, Summary Record of ninth and final meeting held on 4th May" May 4 1951.

FO 371/92547FJ 1022/372, British Embassy, Washington to C. P. Scott, O.B.E., Japan and Pacific Department, Foreign Office, no. 1076/332/5IG, "Summary Record of Sixth Meeting of AngloAmerican meetings on Japanese Peace Treaty" 2nd May 1951.

일본

日本外務省 外交史料館, 『對日平和條約關係 準備研究關係』 제1~7권(분류번호B′. 4. 0. 0. 1, http://gaikokiroku.mofa.go.jp/mon/mon_b.html).

日本 國會會議錄檢索시스템 (http://kokkai.ndl.go.jp/).

동북아역사재단 편, 『일본 국회 독도관련 기록모음집』 I부(1948~1976년), II부(1977~2007년), 2009.

李鍾學 편, 『日本의 獨島海洋 政策資料集』 1~4, 독도박물관, 2006.

日本 外務省 アジア局第二課, 『竹島漁業の變遷』(昭和二十八年八月),1953.

日本 外務省, 『日本外交文書 : 平和條約の締結に關する調書. 第1冊 : I ~ III』, 2002.

| 찾 아 보 기 |